穆迪 著

明清方志中的霍邱古城

学林出版社

《明清方志中的霍邱古城》题

畾往記憶

阮儀三于沪上
庚子谷雨

全国历史文化名城保护专家委员会委员,建设部同济大学国家历史文化名城研究中心主任,同济大学建筑与城市规划学院教授、博士生导师阮仪三先生为本书题词

谨以此书献给我的故乡

凡　例

一、目前可见的明清《霍邱县志》共五种，分别修纂于万历二十四年（1596）、康熙九年（1670）、乾隆十九年（1754）、道光五年（1825）和同治九年（1870）。为了行文方便，本书征引时径以年号与《霍邱县志》组合，简称"乾隆《霍邱县志》""道光《霍邱县志》"等。

二、根据史料记载，万历年间共有两部《霍丘县志》，分别修纂于万历六年（1578）和万历二十四年（1596），前者已佚，因此本书所言"万历《霍丘县志》"仅指修纂于万历二十四年的这部志书。

三、清雍正三年（1725）十二月，上谕令避"至圣"孔子讳，改"霍丘"为"霍邱"，因此古籍中会出现两种地名，实则为一。本书在做一般介绍时，皆用"霍邱"；在征引文献时，依其年代分别表述，保持原貌。

四、现存明清《霍邱县志》分藏多处，有的（比如康熙《霍丘县志》）残缺不全，导致页码混乱。目前除同治《霍邱县志》外，均未重刊，因此本书在征引其内容时，只具体到某册或某卷，不再标注页码信息。

五、本书目次由通论、建筑、人物和事件等组成，限于篇幅，不以章节隔断。

六、本书插图中文物如无特别说明，均于霍邱本地出土，插图为作者友人所提供。

七、本书所配图片如无特别说明，均为作者拍摄。个别图片来源于网络，版本信息已不可考，若有侵权，请与著者联系协商。

八、书中所示被采访人年龄，皆以本书写作时间即 2019 年为止计算。

目　录

明清《霍邱县志序》集说

要了解霍邱，特别是古代霍邱，离不开对《霍邱县志》的解读。古往今来共有多少部《霍邱县志》？修纂者是谁？分别有怎样的特点？这些问题关乎对霍邱历史文化的整体把握，因此放在本书的开篇来谈。

目前存世的古代《霍邱县志》共五种，收录了二十篇书序，这些序言清晰地反映了明清两个时期的霍邱修志历程。

先看明代的修纂情况。现存的明代县志是万历二十四年（1596）《霍丘县志》，其卷首有知县杨其善、教谕潘日新和行人司行人李朝寅所作的三篇书序。该志《艺文》中还载有两篇早先的序言，分别是教谕童以思的《霍丘县景泰志序》（简称"童序"）和知县刘佐的《霍丘县万历志序》（简称"刘序"）。这五篇书序为我们了解明代霍邱方志提供了线索。

先看年代较早的两篇书序。根据童序，其于景泰壬申年（1452）来霍担任教谕一职，看到前教谕、闽南莆田林道昭所纂的"旧志"稿本，"反复玩味，心甚厌之"。究其原因，这部县志"纪载虽详，而涂抹冗滥；述作固多，而讹舛漏落"，因此他产生了"删芜剔秽"的念头。万历《霍丘县志》第五册《秩官》云："林道昭，莆田人，正统年任。"[①]正统是明英宗朱祁镇的年号，时间跨度是从元年（1436）至十四年（1449），这便是童以思所见林道昭"旧志"（以下简称《正统志》）的大致修纂时间。

不过，这还不是童序所说的最早的《霍邱县志》。该文在谈到《正统志》的文献来源时说"盖由国初纂述者得之于残编断简之余"，可知在明朝初年就有相关"纂述"，姑且称其为《明初志》。《正统志》和《明初志》皆已散佚，

① 乾隆、同治《霍邱县志》之《职官》记作"林建昭"，同治《霍邱县志》之《艺文》又作"林道昭"。明陈道《（弘治）八闽通志》卷五十四《选举》："（宣德）十年乙卯乡试：林道昭，环之从侄，霍丘教谕。"可见应以"林道昭"为是。

因具体情况不详，暂将其归入官修县志（见后面表 1）。

除了对《正统志》的不满，童序还记载了重修县志的直接原因：景泰"甲戌岁"（1454），明代宗朱祁钰欲"继志祖宗"，于是广选英才，"取天下事迹，编撰成书，以备观览"。当时霍邱隶属寿州，通隶凤阳府。凤阳太守占雄命所辖四州十四县教职于郡治驿馆集中编纂，童以思也被抽调参与，"不数月而告成"。

任务完成后，童以思回到霍邱，又趁热打铁，"广询博访"，编修了《霍丘县志》。童序是目前可见最早的《霍丘县志》序言，其文末记录作序时间为景泰乙亥年（1455）孟冬，因此可将该志简称为《景泰志》。

相比之下，知县刘佐的书序更集中于县志本身。该序记载了修志的缘由，即"郡伯张公下檄征志"，刘佐请来邑中名士张继祥、杨生、张文校等"萃于福昌禅室"，对前代志书黜伪厘讹，编为十卷，包括图考、舆地、古迹等。从体例可知，该志已趋完备。刘序落款时间为"万历戊寅孟春"，即万历六年（1578）初，因此可将该志简称作《万历（六年）志》，今亦不存。

再回到承载童序、刘序的这部县志。为了行文方便，暂将其卷首杨其善、潘日新和李朝寅三人的序言，分别称作"杨序""潘序"和"李序"。

由于目前存世的明代县志中，杨序、潘序文字皆不全，需从乾隆《霍邱县志》中辑补，因此先从文字齐全的李序说起。

李朝寅认为，霍邱是"中都首邑"，此前并无县志，有志自"前邑侯刘公始"。前文已经阐明，"刘公"即知县刘佐，其所撰仅为《万历（六年）志》，并非最早，因此作者的观点是不准确的。文中言"刘公"修志时间为"万历戊寅"（1578），这和前文所述一致。作者说该志"迄今将二纪"，二十年间山川风物、世态人情变化很大，县志如不重修，"乃阙逸靡纪，后将何述焉"？

导致重修的直接原因是杨公（其善）尹霍，时间是"岁壬辰"，即万历二十年（1592）。杨公甫一下车，便要看"邑志"，阅后"中情多所未惬"，于是"欲重修之"，由于种种原因未能如愿——"初政未遑也，越今已四载余矣"，这也从侧面反映了重修的时间是在万历二十四年（1596）。参与重修的除了杨公本人，还有"邑博潘君日新"以及"进贡生诸弟子员闵心学、朱若夏等"。修志工作是在"公所"进行的，"甫旬日而告成"。此次修纂以"赝者订之，微者显之，缺者补之，遗者收之，可疑而漫入者姑略而仅存之"为原则，在重要问题上则由杨其善"秉公独断，而不与以私"。作者认为这是一部"核实""可信""会真""足征"的佳著，并称赞道："霍之信史其在兹与？"

该序落款时间为万历丙申孟夏，即万历二十四年（1596），与序中"越今已四载余矣"相互印证。乾隆、同治《霍邱县志》皆言该序作于万历二十二年（1594），是错误的。[①]

再看杨序。作者杨其善是江西清江人，时任霍邱知县。作为这部县志的倡修者，他在序中谈到新志参考了前贤童以思、刘佐的"遗编"，分上下两帙，共十册，由潘日新、白律、王养正担任考核，傅梓材、李朝寅担任订正，闵心学、李能化、朱若夏、钱宗孟、王之翰、傅性恒、刘仕光、郭永固、王应魁、郭永盛担任采辑，自己则担任编次。

杨序中提到的傅梓材，曾举明经，知郴州，同治《霍邱县志》卷十《人物志》言其"纂集《志草》，后人多所采拾"。这部《志草》没有官修的记载，同治《霍邱县志》卷十五《艺文志》中将其列为傅的个人著述，言其"未刊"，因此不列入本文的讨论范围。

相比之下，潘序篇幅最短，其篇首云"霍志创自景泰"，前文已述及，这

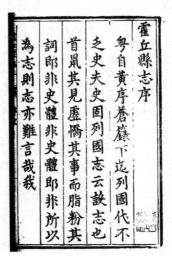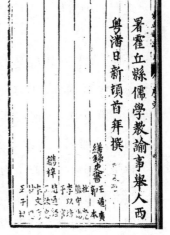

明万历《霍丘县志》序书影

---

① ［清］陆鼎学文总纂：《续修霍邱县志》，中共党史出版社，2012年，第531页。

种说法并不准确。序文介绍了杨其善邀其修志的过程：他在接受任务后"督属诸生，分类编摩，各殚所见"。文末同样对这部体例严谨、纪事详该的新志自信满满，言其"允为一方之载籍也"。

这部县志历四百余年保存至今，是唯一流传下来的明代霍邱志书，其重要性不言而喻。为将其与《万历（六年）志》相区别，简称其为《万历志》。

表1　明代官修《霍丘县志》情况

简　称	修纂时间	修纂者	序　言	序作者	官职
明初志	明初	未　知	无	无	未知
正统志	正统年间（1436—1449）	林道昭	无	无	教谕
景泰志	景泰乙亥孟冬（1455）	童以思	霍丘县景泰志序	童以思	教谕
万历（六年）志	万历戊寅孟春（1578）	刘　佐	霍丘县万历志序	刘　佐	知县
万历志	万历二十四年（1596）	杨其善	霍丘县志序	杨其善	知县
			霍丘县志序	潘日新	教谕
			霍丘县志序	李朝寅	行人司行人

再看清代县志的修纂情况。

现存四种清代《霍邱县志》，分别创作于康熙、乾隆、道光和同治四个时期。

首先，乾隆《霍邱县志》卷十一《艺文》中载有邑人林冲霄的《拟修霍邱县志原序》（简称"林序"）。林冲霄是崇祯甲戌（1634）岁进士，曾官至补南京礼科给事中，入清后其志不行，遂乞病归，闭门谢客，自号"灌叟"，室名"轴隐"，轩名"勿告"。虽则求隐，但他热心家乡文教，著述甚丰。

林序为何以"拟修"为题？实际上，这是一部修而未刊的县志。序文谈道，明末清初，霍邱数遭兵燹，残破凋敝自不待言，直到"戴侯"尹霍，"痛念新创，百务思举，拮据为遑，每抚逸牒而三叹焉"。所谓"逸牒"，即残缺之县志。恰逢此时，督学李公"檄令复修县志，实获侯心"，于是两因相叠，遂成硕果。

文中的"戴侯"即戴治盛，同治《霍邱县志》之《秩官志》言其"湖广江夏进士，（顺治）十年（1653）任"。他将"删述之任"交给了林冲霄。经过林氏的一番努力，"志成而缮稿"，于是进呈督学。不巧的是，这部县志未及刊刻，戴治盛便调离霍邱，林氏只好暂存缮稿，"聊备采访云尔"。

由于林序未记载写作时间，从同治《霍邱县志》之《秩官志》中戴治盛的继任者李道纯尹霍在顺治十三年（1656），可知"戴邑侯解绶"应在此年，这便是林冲霄所撰县志（简称《林志》）的终稿时间。

值得一提的是，《林志》不同于前文所述傅梓材私修的《志草》，它虽未刊刻，但性质仍属官修志书。

其次，现存康熙《霍丘县志》有序言两篇，分别是知县姬之篆的《霍丘县志序》（简称"姬序"）和署名"邑孝廉举人"程邦傅的《霍丘县志序》（简称"程序"）。① 此外，乾隆《霍邱县志》卷十一《艺文》所载知县杨显德的《霍邱县志序》（简称"杨序"），也是为康熙《霍丘县志》撰写的。

先看杨序。作者谈道，自"明万历二十二年丙申，吾楚安陆杨公其善曾纂修，历今七十六祀"，说明明万历至清康熙间没有出现正式刊刻的官修县志。遗憾的是，作者同样误记了杨其善纂修《万历志》的时间。"万历丙申"是万历二十四年（1596），至康熙九年（1670）为七十四祀（年）。

据同治《霍邱县志》之《秩官志》，杨显德为湖广澧州岁贡，康熙元年（1662）知霍邱县，次年离任。杨氏虽有志于填补七十余年的县志空白，"奈余任事日浅，有志未逮"，并未付诸实施。据杨序介绍，自姬公之篆尹霍，"三载以来，政通人和，百废俱兴"，于是有条件"发秦火之余，访故老之口"，着手重新修志，因此该序实为杨显德受姬之篆的请托所作。

序文并未因循"回顾加赞美"的行文套路，而是在结尾处笔锋忽转，直抒"理政建言"——"然余犹有虑焉"。作者所虑者何？霍邱之"形势"也。

① 现存康熙《霍丘县志》卷首"姬序"文本缺失严重，全文可参乾隆《霍邱县志》之《艺文志》；"程序"较完整，但仅见于康熙《霍丘县志》，不为乾隆、同治等《霍邱县志》之《艺文志》所载。

杨氏认为，霍邱风水之"水"，"全仰赖于近潮"，也就是城西的沣河，但自从河上建桥，"而天门闭塞，潮水反跳，邑治由此凋敝"。这种说法虽属迷信，但从林冲霄、张肇元所作的同题文章《修看花台序》来看，这应是当时邑绅的普遍共识。于是，他建议"尽去圮桥之废址，以扩湖源；急障西流之支水，以汇城下"，认为这是"理霍之要务也"，言下之意，其重要性甚至不亚于重修县志。这种不在其位，却谋其政的县志序文，虽显另类，却很见性情。

姬序记述了重修的原因：一方面，万历丙申（1596）后县志停修了近八十载，且前志"鲁鱼亥豕"，多有错谬，重修势在必行；另一方面，"圣天子嘉意图史"，给重修带来契机。作者来霍为官四年，反复酝酿，之前"抚旧牒而踟蹰，笔摇摇未敢下"，终于在最合适的时机，在"内外巨公"的共同努力下，"凡五阅月，而始卒业焉"。

乾隆《霍邱县志》卷七《人物》载："程邦傅，字惟仁，以诗中顺天乡试。"程序对县志体例叙述详致，但在篇末介绍县志沿革时云："清定鼎垂三十年，而邑志修自万历甲午。""万历甲午"是万历二十二年（1594），参考前文可知，这个说法并不准确。

杨、姬、程三人作序的这部县志，分十卷九门，设子目六十有四，成书于康熙九年（1670），因此可简称作《康熙志》。

在乾隆《霍邱县志》姬序之后，载有《康熙志》的《原修姓氏》，其中除记录修纂者"江南凤阳府寿州霍邱县知县缑山姬之篁"、修订者"儒学训导彭城李廷献"外，还载有参与修纂的邑人林冲霄、张肇元等，说明林冲霄已被纳入姬之篁的写作班底，因此《康熙志》也必定吸收了《林志》的编修成果。虽然"遗老"林冲霄没能实现在"戴侯"时期主持修志而名垂县史的夙愿，但在《康熙志》的《艺文志》中，却收录了林文两篇（存世《康熙志》残缺不全，实际应该更多），在乾隆《霍邱县志》中，收录林文八篇、诗两首，可以说是"大放异彩"了。

再次，乾隆《霍邱县志》卷首有作于乾隆时期的五篇序言，连同同治《霍邱县志》之《艺文志》中的一篇共六篇书序，同为这部县志所题写。作者"阵容"堪称强大：知府一名、知县三名、教谕一名、训导一名。该志情况如何？为何颇受重视？谁才是它的真正修纂者？

其一，这是一部"接力"完成的县志，主修者为知县张海。他在序言中说，"上宪有重修之命"，于是"开设志馆，与学博金坛刘君、巢水葛君哑哑焉共谋兹役"，这是重修的缘起。而后他延请邑绅中"留心时事、熟悉旧闻、意见不入偏僻者"，并将其"分任四乡，各司采访"，用了一年多时间"全稿略就"。付梓之际，他却遇到了两桩难事：一是"余适以前署灵璧旧案被议去"。何为"灵璧旧案"？作者并未言明，总之他受到了牵连，被迫离任。二是之前协助他修纂的刘、葛二君，"相继以老病去"。作者感慨道："为山虽九仞，几虞一篑之亏也！"不过很快又迎来两个好消息：一是"上宪"恩准他"暂襄霍赈，并谕竣此工程"，可以暂时留任并专心修志；二是教谕薛观光到任，注入了新鲜力量，两人得以"相互商确，复加增损"。这位薛教谕热情满满，"凡夫条目之井然、格式之画然、鲁鱼亥豕校雠之犁然，大都皆出其手"。终于，该书"开雕于癸酉冬"，即乾隆十八年（1753）；"抄功半于甲戌春仲"，即乾隆十九年（1754）。此时张知县接到调令，虽然重修工程还未完全结束，但已近尾声，他依依不舍地离开霍邱，"策马北向长安，以觐圣天子之光"。

其二，"接力"者为知县戴廷抡。他实际参与不多，但"沾光"不少。张、戴两位知县具体交接在何时？是不是上文说的"甲戌春仲"？两人序言中并未说明，但从颍州府知府胡格的《重修霍邱县志序》中可以得出答案。此序云："甲戌春三月，戴君遣庠生姚起灏问序于余。"很明显，张海知县离霍后的是年三月，戴知县已到任"接棒"，委派庠生向知府"问序"。

前朝《康熙志》的编撰者姬之篑自序落款为"江南凤阳府寿州霍邱县知县"，可见霍邱隶属寿州，那么此时新上任的戴知县为何要"跨地域"向颍州府知府求序？实际上，明代的霍邱属寿州管辖，通隶凤阳府。① 清雍正二年（1724），霍邱改属直隶颍州管辖，雍正十三年（1735），改直隶颍州为颍州府，霍邱仍隶属之。② 这样，戴知县的请托就合情合理了。胡知府在序中少不了夸赞两位知县，言"张君之敷治于霍者可知，并霍人之蒙休于戴君者又

① ［清］张廷玉等撰：《明史》，中华书局，1974年，第913页。
② 赵尔巽等撰：《清史稿》，中华书局，1977年，第2007页。

可知矣"。不得不说，戴知县甫一上任，便捡到一桩"巧宗"。

这种"沾光"不仅在于上司的夸奖，戴廷抡在序中说"且其书不图始于余，而乐成于余"，欣然接受"志馆诸生之请，而为之序"，将成书于己的得意漾然笔端。其继任知县龚镜在《霍邱县志序》中说"张、戴二公，暨前司铎刘、葛诸君，后先纂成"，无形之中制造了两人"联合出版"的假象。

其三，多篇序言的重复累赘，侧面反映了该志的弊病。如前所述，这部县志序言有六篇之多，究其原因，一方面是知县变动频繁：张海于乾隆十九年（1754）三月离任，而后戴廷抡接任，不久也被调离，由龚镜接任。龚镜在《霍邱县志序》中说"岁甲戌秋八月，余奉命宰霍"，说明实际上戴廷抡只做了五个月知县，所以言其"沾光"并不为过。另一方面，求全意识与立言主张过于强烈，特别是教谕薛观光。虽然张海在序言中对他表彰有加，但对于修纂的原班人马而言，薛氏仅是后来者，却已完全"居上"。他积极"奔走"，向张海之后的两任知县请序："广文薛君校定其稿，尝携示余"（戴廷抡《序》），"广文薛君来，携志见示……且属序焉"（龚镜《序》）。相对于走马灯似的更迭的知县来说，他对新志的情况的确最熟悉，展示、联络、请序亦属正常，但在明知已有一知府、三知县作序的情况下，自身再接受志馆诸君子之"请"，为该志作序，未免重复累赘，也直接导致了训导王家贲亦作序言。薛、王二人的书序内容空泛，文辞亦乏善可陈。清代霍邱官吏员额包括知县一员、县丞一员（顺治十年裁）、开顺镇巡检一员、典史一员、教谕一员、训导一员。① 由是可知，这部县志的作序者，几乎将县一级官员全部囊括，仅此一端，便知在其内容比如《艺文志》中出现大量官员、邑绅文章，特别是为地方官歌功颂德的《实政录》《去思碑记》《德政碑记》等，就不足为奇了。

其四，由诸序可知，自《康熙志》修成至乾隆朝，并未出现新的官修县志，比如张海序云"自康熙庚戌岁，至今已八九十年"，戴廷抡序云"霍邑旧有邑乘，其所罗列，自康熙九年以前为止"，龚镜序云"始事因循废坠者八十余载"。因此，近年新出的点校版简体横排《续修霍邱县志》后记中提及有

---

① ［清］陆鼎敦总纂：《续修霍邱县志》，中共党史出版社，2012 年，第 182 页。

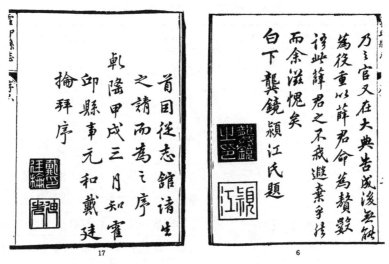

乾隆《霍邱县志》卷首知县龚镜、戴廷抡所作书序

"清康熙十五年志"①，或许是重刻，应非一部新志。

其五，薛观光在序文末尾云"惟是参订校雠，始于癸酉初秋，讫于甲戌仲夏"，可知该志完稿于乾隆十九年（1754）夏，因此可简称作《乾隆志》。

修纂于道光年间的《霍邱县志》有序言三篇，作者分别为知县张家楣、教谕钱兆荣、训导张琮。三序风格相仿，言简意赅，综合来看大致反映了六方面情况：

其一，由张家楣《序》（以下简称"张序"）"以故旷不修者，又七十余年矣"，可知自乾隆十九年（1754）至道光年间，未有新的县志出现。

其二，对于此番重修的原因，张序云"适大府开局，修安省专志，颁发采访章程，下各州县"，张琮《序》亦云"奉陶大中丞纂辑安省通志"，可见是按上级要求进行的，属于"统一行动"。

其三，张序将《乾隆志》的作者定为知县张海一人，并未采用与戴廷抡"联合修纂"之说，是比较严谨的。

其四，张序还透露了《康熙志》与《林志》的关系："得邑人林给谏续修志稿，订补付梓。"这印证了前文猜测的林冲霄修而未刊的县志，实际就是

① ［清］陆鼎敦总纂：《续修霍邱县志》，中共党史出版社，2012年，第651页。

表 2 清代官修《霍邱县志》情况

简 称	时 间	修纂者	序 言	序作者	官职
林 志	顺治十三年（1656）	林冲霄	拟修霍邱县志原序	林冲霄	邑人
康熙志	康熙九年（1670）	姬之簋	霍邱县志原序	姬之簋	知县
			霍邱县志序	杨显德	知县
			霍邱县志序	程邦傅	举人
乾隆志	乾隆十九年（1754）	张 海	霍邱县志序	胡 格	颍州府知府
			重修霍邱县志序	张 海	知县
			霍邱县志叙	戴廷抡	知县
			霍邱县志序	龚 镜	知县
			霍邱县志序	薛观光	教谕
			霍邱县志序	王家贲	训导
道光志	道光五年（1825）	张家榭	重修霍邱县志叙	张家榭	知县
			重修县志叙	钱兆荣	教谕
			重修县志叙	张 琮	训导
同治志	同治九年（1870）	陆鼎敔 王寅清	重修霍邱县志序	陆鼎敔	知县
			霍邱县志序	王寅清	知县

《康熙志》的底本与雏形。

其五，从张琮《序》可知，由于是配合"陶大中丞"安省通志的整体修纂，因此该志"悉遵大中丞体例"，分沿革、山川、典礼、古迹、人物等篇目。

其六，从接到任务到修成，共历时十个月（钱兆荣、张琮《序》皆云"阅十月而工竣"，张序云"九阅月"）。由张序可知其尹霍是在道光甲申，即道光四年（1824），全书于次年完稿，因此实际修成应在道光五年（1825），可简称《道光志》。该志共十二卷，目前唯一原刻本藏于上海图书馆，存十卷（缺一、二卷）。

最后，谈谈同治《霍邱县志》序。

该志卷首有陆鼎敔、王寅清两位知县的序文。由陆序可知，此次重修有两个机缘：一是其于丙寅之冬，即同治五年（1866）到任霍邱，"下车伊始，访问邑乘"，但经历咸丰兵燹（可参本书《咸丰七年的古城烽烟》）后，县志已"百无一存"，其后他得到文生郭树榛家的藏本，这个本子是"乡前辈李敬甫先生所编定"，说明在官修之外，民间仍有私修方志存在。该志的优点是"笔墨简质，记载翔实，得述作体，踵事者易以藉手"，缺点是"讹误甚多"。由于种种原因，陆鼎敦"拟重为修葺而未果"，却为重修做了文献准备。二是同治八年（1869）春，"大宪奏开皖省通志局"，要求各州县三个月内拿出新修的县志，这是重修的直接原因。

对于修志来说，三个月的限期实在紧迫，何况迭经战火，文献匮乏，陆鼎敦急忙与邑绅裴正绅、王则侨等商议，挪用"文庙工程局"的款项，如期完稿，并在《道光志》十二卷的基础上，扩充到十六卷。由于"筹费维艰"，该志采用"聚珍版"，即活字印刷，可惜重修工程还未告竣，陆鼎敦便被调离，他于同治八年（1869）八月朔作序，感慨"所望于后之君子也已"。

是年九月，王寅清出任霍邱知县，得知县志已由前任"采辑将竣"，同时打听到"各乡忠义节烈士女，未及穷搜博采"，于是要求详查增补，"次第补入者又百数十人"。王氏强调其修志初衷是"务本为劝"，冀望"移风易俗"，对"忠孝节义之事"特别注重，因此该志区别于前朝诸志的最大特点就是讲求"忠孝节义"，特别是在记述明末清初以及咸丰时期历次城陷中涌现的"烈士""节妇"等方面，文献丰赡，资料翔实，同时也显露弊端，比如过多渲染战争的残酷、过细记载死难者名单、过分宣扬封建礼教，以及卷十《人物志》中《忠义》、卷十一至十三的《烈女志》篇幅过长，《艺文志》中夹带大量编撰者的诗文赋等，有断代史之嫌，忽略了整体裁夺。

总体来看，这部县志是由陆鼎敦修纂、王寅清增补，二人接续完成的封建统治时期的霍邱最后一部县志，姑将其称作《同治志》。文中反映的物价、祭礼、乡会试盘费等细节，对于我们深入了解晚清霍邱有着十分重要的意义。

目前存世的这五种古代《霍邱县志》，分藏于国家图书馆、上海图书馆、安徽省图书馆、霍邱县档案馆等，另有民国十七年（1928）《霍邱县志》，现藏于安徽省图书馆。

这几部县志可谓霍邱古城的文化血脉，也是本书的基本参考资料。

霍邱古城的"前世今生"

　　说起"霍邱古城",即便对土生土长的霍邱人来说,也多是模糊不清的。近两年,笔者曾就此请教过不少八十岁开外的老城区原住民,多是零星的回忆,很难拼接出古城哪怕一隅的图景来,因此,讨论这个话题,大概需要些"无中生有"的勇气。

　　霍邱古城营建于何时?前后经历过哪几个时期?它的基本风貌如何?城内大量的历史建筑又为何消失得无影无踪?要了解生养我们的这片土地,这些问题不能回避。

　　需要说明的是,本文所讨论的"霍邱古城",是指位于目前霍邱县城关镇所辖范围内的这座古老城池。万历《霍丘县志》第二册《舆地》载:"隋开皇十九年(599)置霍丘县,属寿州。"这里有两点值得注意:其一,这是霍邱的置县时间,并不意味着霍邱古城始筑于隋。同书第三册《建置》之《城池》云"(霍丘)本霍叔故城,汉唐宋元皆仍",可见古城或者说"故城"肇基之久远。其二,霍邱古城并非这片"古虞蓼子之国"土地上的唯一古城。同书《舆地》中列举了霍邱周边的几个旧县,譬如雩娄县("在县西南十八里")、义城县("在县北三十五里")、松滋县("县西南高家埠三十里")等,这些县名虽废,遗址犹存,且几乎都在当今的霍邱县辖境内,但都不属本文所讨论的"霍邱古城"范畴。此外,若从更为久远的历史考察,根据考古发现,早在约六千年前的新石器时代,就有原始先民在县城东北的扁担岗古遗址等处繁衍生息。①因此,相对于今人来说,约可追溯到西周的霍邱城是座古城,

---

① 1983 年,北京大学历史系教授、实习生和安徽省博物馆考古人员来此考察,采集到圆锥状夹砂红陶鼎足、石器等,初步认定为新石器时代遗址,距今约六千年。见霍邱县地方志编撰委员会编:《霍邱县志》,中国广播电视出版社,1993 年,第674 页。

有着近六千年历史的扁担岗古遗址

笔者在扁担岗遗址采集的陶器残片

但从漫长的历史进程来看，它的兴衰存毁仍是电光石火，沧海一粟。

和其他古城一样，霍邱城的营建并非一蹴而就，它年代悠久，雄厚方正，建筑稠密，深富底蕴。若从面积来看，据万历《霍丘县志》第三册《城池》

载，该城"周围六里，二百七十二步"，可谓"袖珍古城"。但从修筑史来看，它却饱经沧桑，屡经建毁：以古城墙及其附属建筑为例，其建设主要经历了两个朝代、三个阶段和十五个时期（见表1）。

表1　霍邱古城城墙修筑情况

阶段	年　代	建筑特征及变化	主导者
修筑	宋元以上	惟土垣，无濠	无可考
	明成化间	加以培筑	知县高昇
	明弘治五年（1492）	覆以瓦，堑以濠	知县王启
	明正德七年（1512）	易以砖石	都御史丛兰
	明正德八年（1513）	踪事经营，功始完竣	知县孙诚
	明正德（或弘治）中	为四门门楼题额	县丞章永清
增广	明万历间	创修西北隅大楼三座并题额	知县刘佐
	明正德后	小楼三十六座，周围马道	知县李涟、周佩、杨其善
	清康熙七年（1668）	修葺城堞，添置更楼、城门楼共四座，炮楼六座，回陇口四个，西门外石碖礅一道	知县姬之簋
修缮	清乾隆二十九年（1764）	重修	知县丁文燦
	清嘉庆二年（1797）	重修四门城楼	知县左辅
	清道光十年（1830）	重修四门	知县刘廷槐
	清咸丰十一年（1861）	修补完善	前升县令宫保英
	清同治五年（1866）	重修坍塌西城垣，并将西城门修筑完整	知县杨式荣
	清同治六年（1867）	筑土圩，谕令城外商户设法岁修	知县陆鼎敩

上表反映出霍邱古城的大规模营建集中于明、清两朝，先后经历修筑、增广和修缮三个阶段。宋元以前，唯有土垣（早期土筑结构），无濠（护城河）；明中叶以后，出于政治、军事特别是防御"流贼"的需要，筑城逐渐成为地方官员的重要政治任务，于是培筑、覆瓦、堑壕、铺砖石，正德八年（1513）全面竣工；清代在此基础上增广修缮，逐步扩充其综合功能。

若从明代算起，四百余年间，先后有十六位霍邱"父母官"因筑城被载入县志，其中三人厥功至伟：明代知县王启的主要功绩在开挖壕沟，并于四门外建桥，提升了古城的防御能力。明正德八年（1513），经知县孙诚"极力修筑，功始完屺，为一方保障"，这标志着古朴巍峨的霍邱古城全面建成，成为霍邱历史上具有划时代意义的重要事件。彼时城"高一丈八尺，厚二丈"，四围城墙连贯后，奠定了古城的基本格局。清康熙七年（1668），知县姬之篪接踵前贤，修城堞（城墙上如齿状的矮墙，战时可抵挡敌人的矢石攻击）、建诸楼（更楼、四座城门楼、六座炮楼）、缮工事（建回陇口四个、西门外石礓礤一道），使得古城的防御功能更趋完备。此外，他还主持修撰了十卷本《霍丘县志》，其体例格局成为有清一代霍邱县志之圭臬。这两项工作，任取其一，都足以彪炳县史。

霍邱古城城砖中的字砖（张照月先生提供）

当然，古城的营建，仅凭几位知县的一腔热忱是远远不够的，其间少不了天时、地利、人和。就天时论，建城所经历的十五个时期，大多政治安稳、人心思定，为修筑提供了良好的外部环境；地利自不待言，霍邱地处淮河中游的丘陵地带，陆路、水路交通便捷，西南有山，山石可采，利于营建；人和更为重要，却常被忽视，如今虽已很难从历史文献中寻找当年役夫、工匠们筑城的具体信息，但由县志记载的乡绅捐资助修情况（见表2），大可感受当年全城动员、八方参与的生动图景。

以表中道光年间为例，据同治《霍邱县志》卷十四《艺文志》中知县刘廷槐所撰《重修南城门楼碑记》载，其于"己丑秋"，即道光九年（1834）

表 2　清代霍邱士绅助修城门楼情况

年　　代	助修人	身份	事　　　项
乾隆二十九年 （1764）	姚起灏 张大卓	邑绅	修缮
嘉庆二年（1797）	庞佩和	监生	重修四门城楼：独立捐资
道光十年（1830）	田膏润	贡生	助修西城楼：购料、鸠工捐制钱①一千六百二十六串九百五十文
道光十年（1830）	朱大怀	武生	助修东城楼：购料、鸠工捐制钱一千七百三十一串二百文
道光十年（1830）	田赵碧	监生	助修北城楼：购料、鸠工捐制钱一千七百二十五串五百二十文
道光十年（1830）	刘国爱 刘秉鲁	监生	助修南城楼：独立捐资

到任后，见"城楼坍塌，女墙崩折，气象荒凉"，决计"捐俸补修"，但初临霍邑，"风土人情未谙，方踌躇而未敢决也"，此时邑绅刘国爱、刘秉鲁兄弟② 挺身而出，"首先慕义，踊跃赴公，请捐己资，独任一面"，此举令其激动不已，于是在道光十年（1835）二月十六日率先启动南城门楼修缮计划，是年十月告竣，其余三门也"接踵而起，次第举修，计功可翘足而待"。

同治《霍邱县志》卷二《营建志》中详细记载了此次重修城门楼的花销（见表 2）：东、西、北三门各费工、料约一千七百串。铜钱、白银和银圆是清代的主要流通货币，其中铜钱和白银的兑换比例，理论上为一两白银兑换制钱千文，实际在不同时期各有差异。就道光十年（1835）而言，参照相近地域的文献记载，每两白银兑换制钱一千三百文左右③，那么以贡生田膏润为

---

① 明清两代法定的钱币由官炉铸行，称作"制钱"，以别于前朝旧钱和本朝的私铸钱。

② 同治《霍邱县志》记刘国爱与刘秉鲁关系时前后矛盾，卷二《营建志》载："南城楼，系监生刘国爱暨侄刘秉鲁独捐己资。"卷十四《艺文志》刘廷槐撰《重修南城门楼碑记》云："邑之西乡国学生刘国爱，偕堂弟秉鲁，首先慕义。"当以刘文为是。

③ 《林则徐日记》道光十六年（1836）十月十二日："同此处征收如何收法？答云钱粮每两完钱一千八百文（自注云：每两银换足钱一千三百七十文）。"邓云乡先生指出："这是林则徐在苏北淮安、盐城一带私访时的日记，记下了当时具体的钱价。"见邓云乡著：《清代三百年物价述略》，载《价格理论与实践》1982 年第 4 期，第 47 页。

例，其所捐助的一千六百二十六串九百五十文善款约合白银一千二百五十一两。结合当时物价，特别是米价——"一石米（一百五十斤）正常价格均二两左右"①的推算，田膏润所捐助的银两，可购大米九万三千八百二十五斤，以本文写作时霍邱市场普通米价约三元每斤计，这笔开销今折合成人民币约为二十八万一千四百七十五元。这个数字还只是田膏润助修一座城门楼的投入，那么嘉庆二年（1797）监生庞佩和独立捐资重修四门城楼，其花销就可想而知了。

士绅积极助修，这是当政者号召力的体现，同时也是成就助修者个人"功德"的便捷途径。以刘氏兄弟为例，南城门楼修缮完毕后，二人便向刘廷槐"请志"，刘知县欣然应允，作《重修南城门楼碑记》，并勒石为记，"以此见圣天子之神于感，被都人士之乐从公也"。

回顾了建城的几个历史阶段，下面再谈谈古城的基本风貌。

先看城门与城楼。据万历《霍丘县志》第三册《建置》载，霍邱古城原有城门四座，其上各有"大楼三间"，县丞章永清"题其楼"：东为寅宾（后改为朝阳）、西为镇淮、南为来薰、北为迎恩（后改为拱辰）。

同书第五册《秩官》云"章永清，夷陵人，监生"，未记其为官时间。乾隆《霍邱县志》卷六《职官》将章永清任县丞置于"弘治"年下。"弘治"是明孝宗的年号，"正德"是孝宗长子武宗朱厚照的年号，如按此说，那么章氏为四座门楼题额当早于知县孙诚建成古城，但据表1，明弘治五年（1492）城墙仅为覆瓦土垣，正德七年（1512）始易以砖石，未易砖石之前在覆瓦的土垣上建门楼，且有"大楼三间"的可能性不大，因此章永清任县丞及题额事当不早于正德七年。

这四座城门楼的命名，典雅醇厚，深富文化底蕴。寅宾，"寅"者，敬也，"宾"者，导也，语出《尚书·尧典》"寅宾出日"②，意思是恭敬地导引

---

① 邓云乡先生根据林则徐所记米价进行过详细推算，得出"如以钱价一千二、三百换白银一两，则一石米正常价格均二两左右，较之十七八世纪，均上涨一倍左右"的结论。见邓云乡著：《清代三百年物价述略（续）》，载《价格理论与实践》1982年第5期，第40页。

② 《尚书·尧典》："分命羲仲，宅嵎夷，曰旸谷。寅宾出日，平秩东作。"《说文》："寅，敬惕也。"《孔疏》："宾者，主行导引，故宾为导也。"郭沫若《殷契粹编》言其为殷人在日之出入时的祭祀。以上见李民、王建撰：《尚书译注》，上海古籍出版社，2004年，第4页。

将出之日，因此用于东门，其后改作"朝阳"，其意略同。关于东门的改名时间，万历《霍丘县志》第三册《建置》篇记作"万历间"（北门亦然）。镇淮，淮河绕县西行，古代水灾不断，因此取"镇"，有威慑之意。来薰，用"薰风南来"之典，相传虞舜曾作《南风歌》，歌辞有"南风之薰兮，可以解吾民之愠兮"①，因此用作南门。迎恩，即恭迎圣恩，古城告竣于正德年间，彼时明朝已迁都北京近百年，帝都位于霍邱正北，因此于北门"迎恩"便理所当然。

这四座城门楼的楼名是否就是城门名，比如镇淮门、来薰门？历朝《霍邱县志》并未确说，其《图考》中四门皆以楼名标注，如镇淮楼、来薰楼等。

万历《霍丘县志》第三册《建置》中还记载了四座门楼的始建者名单（见表3"修筑者"栏），名单中八人的生平不见于同书第五册《秩官》，因此其为普通邑绅的可能性较大。从《建置》篇亦可见城门楼自正德（或弘治）建成至万历《霍丘县志》修成（1596）近百年间的变化：其东、北门楼犹存，西、南门楼俱废，仅存瓦房。

表3　万历《霍丘县志》所载古城门楼简况

建　筑	命　名	修筑者	现　状
东门楼	朝阳（原寅宾）	许诚	
西门楼	镇淮	窦永俊、胡彦章	废止，存瓦房三间
南门楼	来薰	李诚、范镇	废止，存瓦房三间
北门楼	拱辰（原迎恩）	雍恕、邹珍、田埴	

表4　霍邱护城河（坡）修浚简况

年　代	形制特征及变化	主导者	官职
明弘治间	开浚、四门建桥	王启	知县
明嘉靖十年（1531）	重浚	陈表	知县
清乾隆二十九年（1764）	城西护城坡	丁文燦	知县
清乾隆四十九年（1784）	重修护城坡	耿睿	知县
清道光十年（1830）	再修护城坡	刘廷槐	知县

① 杨天宇撰：《礼记译注》，上海古籍出版社，2004年，第480页。

　　再看护城河及其吊桥。据万历《霍丘县志》第三册《建置》载，"池深三丈，阔一丈五尺"，为知县王启所开凿。关于具体的开凿时间，万历、康熙、乾隆《霍邱县志》均缺，同治《霍邱县志》卷二《营建志》记作"宏（弘）治二年（1489）"，未详其出处，聊备一说。此河曾于明末疏浚，同治《霍邱县志》卷二《营建志》载："嘉靖十年（1531），知县陈表重浚，今皆湮废，惟河形尚约略可辨耳。"

　　四门外的护城河上，均设有吊桥。万历《霍丘县志》第三册《建置》载："门外各吊桥一座，东曰阜城桥，西曰淮阴桥（今改通济），南曰寿安桥，北曰迎恩桥。"桥名的来历，大抵与明代的霍邱治域有关。据万历《霍丘县志》第二册《坊乡》载，彼时霍邱下辖"一坊三乡"，即在城坊（县东北）、阜城乡（县东）、淮阴乡（县西）和寿安乡（县南），桥名便根据三乡的方位依次对应；"迎恩桥"的释义在上文"迎恩楼"中已做说明，其方位对应古城北门。

　　再看城内道路。从万历《霍丘县志》的《图考》中，可见明代霍邱城内主要道路共三条：以四方城门为起点，纵横交织为两条干道；自城隍庙至关帝庙东西走向有支路一道。又同书第三册《建置》载："城内周围马道，知县李璇清理，知县周珮重加清理，置桥种树，马道大通，知县杨其善节次复修。"在清代的几种县志《图考》中，康熙《霍丘县志》未标注道路；乾隆《霍邱县志》标注主要街巷甚详——沿四门方向自然而成东、西、南、北街，南北向又有大十字街、小十字街，此外还有"一路"（青云路）、"两巷"（太平巷、朝阳巷）；同治《霍邱县志》仅标注大十字街、小十字街与青云路，这三条道路及其名称沿用至今。

　　城内各种坊市、铺驿、坛庙、寺观等建筑错落有致，以西北隅最为密集。县署（县衙）雄峙其间，署内由南至北依次建有仪门、戒石亭、县堂、东西两库、退思堂和正宅，仪门东西两侧有迎宾馆和狱神庙，仪门外有鼓楼、承宣德化坊，周遭诸亭环抱，包括榜亭、申明亭、遗爱亭等。县署以北，寺庙林立，有关帝庙、福昌寺、马神庙、八蜡庙、城隍庙等。万历《霍丘县志》第三册《建置》载："西城隅有大楼三间，知县刘佐并建，题曰'西垣雄镇'。"西垣即西城，唐宋间亦代指中书省。霍邱在明代隶属中都临濠府（凤阳府），地缘上位于府治之西，该楼又居城西，是谓"西垣"。同书第五册《秩官》载"刘佐，福建上杭人，恩贡，万历三年任"，其后有"陈缙，浙江余姚人，举人，万历八年任"，因此"西垣雄镇"楼的建设当在万历三年（1575）至八年（1580）间。此外，同书第三册《建置》载城西有"小楼三十六座，各三间，傅翰等修，今废止，各存一间"，由其规模足见当时城西建筑之稠密。

霍邱儒学（文庙）端居城东，建筑规模庞大。自南向北，依次为棂星门、金声玉振门、泮池、戟门、先师殿、明伦堂、尊经阁等，两侧分别有遗爱亭、乡贤祠、敬一亭、状元井、忠义祠、名宦祠、启圣祠等。儒学入口正对青云路，青云路南向尽头为文昌阁。儒学东北侧建有奎楼，六隅、三级，供置魁星。

以上列举的诸种建筑，不同时期其名称各有差异，亦非聚于一时，其中重点建筑的更为详尽的介绍，将在本书其他篇目中展开。

最后，我们仅以城墙（包括城门）为例，谈谈"我的古城去哪儿了"这个颇令人伤怀的话题。《霍邱县志》载：

> 民国二十八年（1939）为防日军空袭，国民政府县长陈应行命令拆除城墙，同时，县城的文昌宫和魁星楼等建筑物亦随之而废。[1]

> （1939年）3月28日，国民政府县长陈应行下令征调民夫万人，强行扒掉霍邱城墙、城门。[2]

这两段史料言简意赅，将古城城墙的"终结者"指向民国时期的陈应行县长。不过，对于关心霍邱古城墙兴毁始末的读者而言，这样的记载未免过

---

[1] 霍邱县地方志编纂委员会编：《霍邱县志》，中国广播电视出版社，1992年，第351页。

[2] 同上书，第17页。

陈应行（1896—1958），字干卿，广西来宾人，曾任霍邱县县长、广西大学教授，卒于台北市。图为陈应行先生著作三种，由其次女陈婉月女士赠予笔者

于潦草。

　　刘雅媛女士在《清末以来城墙拆除的阶段、动因与地区差异》一文中，根据地方志资料，就畿辅、湖南、浙江三地城墙拆除情况进行了比较分析，文中指出：这三地共有341座古代城市，其中190座有过拆城记录，拆城次数为323次（有的城市墙体经历多次拆除），其中140次发生在1949年前，占比59%，也就是说，一大半的拆城之举都发生在新中国成立之前；就拆城史来看，基本包括三个阶段，即1937年前、1937至1949年、1949年后，"其中第二阶段即抗战与内战时期，战争是主导拆城的决定性因素"①，霍邱古城墙的拆除，就发生在这个时期。

　　先看霍邱当时的抗日情势。《霍邱县志》记载：

　　（1938年）8月30日，日军由六安向姚李、叶集进犯，9月16日占领叶集，11月15日撤离。在此期间，日军杀害群众1000余人，烧毁民房6500多间，奸淫妇女无数……②

---

① 刘雅媛著：《清末以来城墙拆除的阶段、动因与地区差异》，载《历史地理》2015年第1期，第264—281页。

② 霍邱县地方志编纂委员会编：《霍邱县志》，中国广播电视出版社，1992年，第16页。

通过这段文字，可见当时日军已犯叶集，兵锋直指县城，来势凶猛，杀人如麻。面对装备精良的日军，县一级小邑的古城墙起不到很大的防御作用，城池一旦陷入敌手，往往会被就地改建成碉堡，给当时的国民党军队反攻夺城带来不便，因此，当部队无力坚守决定弃城时，多会选择拆除或炸毁城墙，不给日寇以可乘之机。于是，存续五百余年、实际夯筑已逾千年的霍邱古城墙，就在这样的历史背景下惨遭拆除，灰飞烟灭。

再看拆城前城墙的保存情况。《霍邱县志》载：

民国二十一年（1932）7月，红二十五军保卫县城，与国民党右路军徐庭瑶激战7日，加之飞机轰炸，城垣多处崩塌，以后未加修理。①

民国二十一年（1932）7月，从9日起，国民党军队步炮联合进攻，进至城下，展开近距离战斗。东门一度被炸，战士们头顶湿棉被，冒着炮火，拼命防堵。……13日，国民党军队用飞机和步炮轰炸，炸倒东南城墙，随后步兵从缺口爬城，攻入城内。②

上文所引材料出自1992年的《霍邱县志》，作为新中国成立后霍邱的首部县志，其记载近代战争特别是抗日战争、解放战争的史料甚详。这段材料，反映出早在抗战之前，红军与国民党军队就围绕夺城展开了激烈斗争，东门和东南城墙遭到严重破坏，其后未加修补，至抗战时期已几无防御功能。因此，1939年陈应行县长拆除的古城墙，并非想象中的"完璧"，在七年前的隆隆枪炮中早已残破不堪。

综观霍邱古城特别是城墙的兴废，可谓始于防御，终于防御。战争既是促成其兴建的根由，又是导致其消亡的动因。

2019年适逢霍邱古城墙拆除八十周年。八十年弹指一挥，如今的这座城

---

① 霍邱县地方志编纂委员会编：《霍邱县志》，中国广播电视出版社，1992年，第17页。
② 同上书，第648页。

霍邱古城
墙石基

目前西门附近保存
较好的一段古城墙

早已脱胎换骨,涅槃重生。对于"霍邱古城"这样一个"无中生有"的话题,
八十岁以上的长者记忆模糊,逐渐成为古城建设栋梁的"80后"又不甚了
解,故而权以此文,略述这座风雨古城的"前世今生"。

霍、霍叔、霍丘与霍邱

无论你是否情愿，每个人身上都会"自带"两个富含文化的印记：一是籍贯，二是姓名。正如很少有无缘无故的姓名一样，我们的籍贯及其意涵，也是一组蕴藏了特殊寓意的密码，值得了解与铭记。

"霍邱"二字的来历，说来话长，要从"霍"说起。

"霍"字最早出现在殷商甲骨中。从字形来看，上方为雨，下有群鸟（靃），群鸟冒雨而翔，是为霍霍之声。《说文》云："靃，飞声也。"《玉篇》云："霍，鸟飞急疾貌也。"

"霍"字从形声到指代姓氏与地名，经历了复杂的演变过程。作为地名的"霍"，其发源久远，约可追溯到上古三代。《世本》云："霍国，真姓，夏商诸侯。"① 可见早在西周之前，就有"霍国"的存在。这些真姓霍民，聚居于山西汾河流域的霍太山，此山在《尚书·禹贡》中又被称作"太岳"②，在霍民心中有着神圣的地位。霍太山之西有"霍水"，《水经注》曰："汾水又南，霍水入焉。水出霍太山，发源成潭，涨七十步而不测其深。"③

大约到了商代，真姓霍民中的一部分人南迁，来到沃野千里的淮河流域。他们将"霍山"的地名连同信仰和习俗带到当地，这便是如今位于皖西的霍山。为了和山西霍太山相区别，一般将其称作"南霍山"，这些迁徙的霍民及其聚居地也被称作"南霍"。霍民南迁的证据来自殷商卜辞，其记曰："壬辰卜，在灊，贞。王其至于潢、霍，亡灾。"④ 这是一则有关商王占卜及其活动的史料，其中的"灊"即灊邑，在今安徽霍山县东北三十里；"潢"即今河南

① ［清］茆泮林辑：《世本》，中华书局，1985年，第57页。
② 李民、王建撰：《尚书译注》，上海古籍出版社，2004年，第75页。
③ ［北魏］郦道元撰；谭属春、陈爱平点校：《水经注》，岳麓书社，1995年，第92页。
④ 郭沫若著作编辑出版委员会编：《郭沫若全集》，科学出版社，1983年，第472页。

潢川，在霍山县西北百余里。"灊""潢"都地处淮河流域，那么这里的"霍"应该就不是晋霍，而是南霍了。① 南霍山以东的这片丘地，就是我们的家乡霍丘。有关"霍丘"与"霍邱"的地名变化，将在文末进行说明。

生活在霍丘、霍山一带的霍民，其身份经历了由"真霍"到"姬霍"的转变，实现这一转变的重要人物，就是霍叔。

结合现存明清时期诸本《霍邱县志》中的《舆地志》以及其他文献来看，霍丘与霍叔关系密切，其县域内原应有以下遗迹：

一、霍叔故宫（福昌寺），见万历《霍丘县志》。

二、霍叔墓（城西北淮河东崖），见万历《霍丘县志》。

三、霍叔故城（即霍丘县），见《（成化）中都志》。

这些遗迹共同指向"霍叔"这样一位"大人物"。霍叔是谁？他和霍丘是什么关系？他的宫殿、亭台、坟冢为何出现在霍丘境内？

据《史记》卷三十五《管蔡世家》载，周文王有十个儿子，都是其正妃大姒所生："长子曰伯邑考，次曰武王发，次曰管叔鲜，次曰周公旦，次曰蔡叔度，次曰曹叔振铎，次曰成叔武，次曰霍叔处，次曰康叔封，次曰冄季载，冄季载最少。"② 这些王子都是姬姓，因此霍叔处实际叫姬处，排行老八，武王姬发是他的嫡亲二哥。

姬处之所以叫"霍叔"，乃以其封地"霍"称之。历史文献中对霍叔的记载较少，围绕着与其相关的"三监"问题，自汉代以来的史家争论不绝。这些争论一定程度上关乎霍丘地名的由来，因此有必要做一些简单回顾。

一般认为武王灭商后，为了巩固在中原地区的统治，封商纣王之子武庚于商都，将商的王畿分为卫、墉、邶三个区域，分别由武王的三个弟弟管叔鲜、蔡叔度和霍叔处统治，以监视武庚，史称"三监"。

---

① 郭沫若《卜辞通纂考释》："霍地近淮，当即安徽之霍山。潢亦决，为潢邑无疑。"（见郭沫若著作编辑出版委员会编：《郭沫若全集》，科学出版社，1983年，第472页）何光岳："霍即今安徽霍邱，潢即近霍，当在今河南潢川县，旁有潢川，系黄人迁居于此而得名。"（见何光岳著：《黄国与黄国青铜器》，载《中原文物》1989年04期，第18—22页）按："霍"未必专指霍邱，应包括霍山、霍邱所在区域。

② ［汉］司马迁撰：《史记》，中华书局，2009年，第1563页。

　　争论是围绕"三监"的主体展开的，其焦点在于霍叔处是否参与了监殷。

　　最早记载霍叔监殷的文献是今本《逸周书》，其卷五《作雒解》载："武王克殷，乃立王子禄父俾守商祀。建管叔于东，建蔡叔、霍叔于殷，俾监殷臣。"①这里明确了"三"和"监"两个概念，前者指管叔、蔡叔和霍叔三人，后者表明其任务是"监殷臣"。

　　与之不同的记载来自《史记》《汉书》等典籍。《史记》卷四《周本纪》载："封商纣子禄父殷之余民。武王为殷初定未集，乃使其弟管叔鲜、蔡叔度相禄父治殷。"②又卷三十五《管蔡世家》载："武王已克殷纣，平天下，封功臣昆弟。于是封叔鲜于管，封叔度于蔡，二人相纣子武庚禄父，治殷遗民。"③司马迁用"相"而非"监"，并将其目的解释为"治殷遗民"，这与"监殷臣"的表述大相径庭；此外，他认为"相"武庚的只有叔鲜、叔度二人，霍叔并未参与。

　　相比之下，班固的观点与《逸周书》较为接近，却"和而不同"。《汉书·地理志下》云："河内本殷之旧都，周既灭殷，分其畿内为三国，《诗·风》邶、庸、卫国是也。邶，以封纣子武庚；庸，管叔尹之；卫，蔡叔尹之：以监殷民，谓之三监。"④他认为确有"三监"的存在，其目的在于"监殷民"，但"三监"却是武庚、管叔与蔡叔，没有霍叔。这个的观点得到唐代经学家孔颖达等的支持，近代学者中顾颉刚先生也力主此说。

　　与之相对的主张"三监"是管叔、蔡叔和霍叔的近代学者代表是王玉哲先生，他从剖析"监"字本意入手，通过详辨《尚书》中的《多方》《梓材》等文献，得出"周初在一些诸侯国中已经设置了'监'的官司制度"的观点⑤，他还以西周青铜器如仲几父簋、应监甗、善鼎铭文为支撑，指出西周监察制度已较为成熟，"三监"之设可能是中国监察制度的源头。"既然西周已经存在监国制度，'监'的含义明确为监察，那么'三监'是监察武庚及殷遗

----

① ［晋］孔晁注：《逸周书》，中华书局，1985年，第107页。

② ［汉］司马迁撰：《史记》，中华书局，2009年，第126页。

③ 同上书，第1564页。

④ ［汉］班固撰：《汉书》，中华书局，2015年，第1647页。

⑤ 王玉哲著：《周初的三监及其地望问题》，载《古史集林》，中华书局，2002年，第245—255页。

民，人物是管叔、蔡叔、霍叔，则可以肯定了。"①

2008 年，清华大学收到一批由校友捐赠的总量为 2388 枚的战国竹简，这批竹简早在秦火之前便深埋地下，因此保留了许多珍贵的先秦文献，学界称其为"清华简"。其中《系年》篇分二十三章，体裁接近《竹书纪年》。《系年》篇中记载了有关"三监"的情况，其第三章云："周武王既克殷，乃设三监于殷。武王陟，商邑兴反，杀三监而立彔子耿。"由是可见，参与监殷的"三监"实际是被商邑造反的士兵所杀，其后拥立彔子耿（又作"录子圣"，即武庚），终为周公所灭。李学勤先生据此指出，"三监"应为管叔、蔡叔和霍叔，"至于商邑叛乱'杀三监'，当然不是杀了三叔，所指大约是参与监管的周人官吏士兵"②。这是目前最新、最有力的论断。虽然因"清华简"出土信息不明，学界颇有疑伪之声，但《系年》中的这段材料是独一无二、合情合理的。

同样受到质疑的，还有"管蔡之乱"的参与者是否包括霍叔。

根据《史记》记载，武王即位不久便病故，由其四弟周公旦摄政，这引起了管叔、蔡叔和其他兄弟的不满，于是连同武庚一起发动叛乱，史称"管蔡之乱"。这场叛乱给刚刚建立的周王朝带来严重危机，而后周公东征，诛武庚、杀管叔、放蔡叔，平定了叛乱。长期以来，"管蔡之乱"又被称作"三监之乱"，结合上文，如果"清华简"中的《系年》篇成立，那么"三监之乱"的说法就不够准确，"三监"早在周武王时期即被商邑反兵所杀，不存在作乱周室的可能。

就司马迁的记载而言，霍叔并未参与叛乱。司马迁在《史记·太史公自序》中说"及旦摄政，二叔不飨，杀鲜放度"③，认为只有管叔鲜、蔡叔度受到了惩罚。《逸周书》和《左传》的记载与之相近，但《尚书》之《周书·蔡仲之命》却说："惟周公位冢宰，正百工，群叔流言，乃致辟管叔于商，囚蔡叔于郭邻，以车七乘，降霍叔于庶人，三年不齿。"④ 这说明霍叔曾参与作乱，但罪行较轻，被降为庶人。《毛诗正义》据此认为，既然霍叔遭受了惩罚，那

---

① 张怀通著：《"三监"人物及其结局》，《管子学刊》2013 年第 1 期，第 121 页。
② 清华大学出土文献研究与保护中心编，李学勤主编：《清华大学藏战国竹简（二）》，中西书局，2011 年，第 141 页。
③ ［汉］司马迁撰：《史记》，中华书局，2009 年，第 3308 页。
④ 李民、王建撰：《尚书译注》，上海古籍出版社，2004 年，第 331 页。

么"管、蔡、霍三叔为三监明矣"①。

　　以上介绍了有关霍叔的基本情况，限于篇幅不再做深入探讨，接下来，我们重点就霍叔与霍丘的关联性问题做一些梳理：

霍邱县沣河桥桥头咀有霍家祖坟（图左八十余岁的霍照江老人手指处），此坟建于何时已不可知，实地考古发现坟茔四周散落着汉代几何纹墓砖（图片为冯克强先生提供）

　　其一，霍叔封地与霍丘相去甚远。如前所述，武王伐殷后，封叔处于霍。《汉书·地理志》："彘县，霍太山在东北，是霍叔之所封。"② 又《水经注》卷六云："（永安）故彘县也，周厉王流于彘，即此城也。王莽更名黄城，汉顺帝阳嘉三年，改曰永安。县，霍伯之郡也。"③ 彘县在今山西省霍州市，这是霍叔的真实封地。

　　其二，"三监"的问题固然众说纷纭，但即便霍叔监邶成立，邶在殷都（今河南安阳）以北地区，与霍丘相去甚远。

　　其三，有没有可能是霍叔被降为庶人后被迫迁往霍丘？答案是否定的。

① ［汉］毛亨传；［汉］郑玄笺；［唐］孔颖达疏；［唐］陆德明音释；朱杰人整理：《毛诗注疏》（上），上海古籍出版社，2013年，第247页。
② ［汉］班固撰：《汉书》，中华书局，2015年，第1550页。
③ ［北魏］郦道元撰；谭属春、陈爱平点校：《水经注》，岳麓书社，1995年，第91页。

《史记》卷四十三《赵世家》记载了霍叔建立的姬姓霍国的末代继承者"霍（哀）公"的情况：晋献公十六年（公元前661年），晋以赵夙为将伐霍，霍公奔齐，此时恰逢晋国遭遇大旱，献公命人占卜，得辞曰"霍太山为祟"①。这个卜辞意味深长，"祟"是指鬼神给人带来的灾祸，借指不正当行动，于是晋献公急令赵夙召回逃亡的霍公，命其奉祀霍太山，之后旱情得以缓解。可见，在霍叔之后，直到春秋时期的霍公，都没有离开以霍太山为中心的这片土地。霍丘出现霍叔故宫、霍叔墓、霍叔故城这些古迹，意味着霍叔生前就在霍丘居住，死亦葬于此，这显然是不可能的。

综合以上三点，霍丘与霍叔本人并无直接关联，这些遗迹特别是墓葬的出现不符合史实，之所以记载于明清《霍邱县志》中，大抵出于前人的附会。如前所述，早在西周之前，霍丘地域内即有南霍（"真霍"）生息繁衍，只是这一阶段缺乏相应的特别是关于其首领的文字记载。叔处受封后，成为有着广泛民间认同的霍姓始祖，加之皖西"霍山"与晋"霍太山"名称相近，后世文人便有意无意进行了附会嫁接，于是修建霍叔墓、霍叔故宫等"遗迹"，就在情理之中了。

值得一提的是，对上述问题的质疑与辨析，清已有之。何治基在《安徽通志》卷三百五十中曾作"霍邱辨"，其文曰：

> 明《统志》云"霍邱县，周霍叔处封邑"，并言叔有冢在县淮水岸上。按，《史记》武王封叔处于霍，注引《汉书·地理志》云："河东彘县，霍叔所封。"又郑元《周礼注》："霍山在彘县，本春秋时霍国地。"杜预《左传注》略同。按，汉彘县今山西霍州，则言霍叔封霍邱及淮岸有冢之说，皆不足据。旧志悉仍之，是未深考耳，且因《左传》晋献公灭霍之文，并附会献公之墓亦在霍邱，其误滋甚。②

通过前文的回顾，可以看出何绍基的观点是合理的，其文中甚至提到霍邱县域内曾有"晋献公墓"这种说法是明显不符合史实的。

---

① ［汉］司马迁撰：《史记》，中华书局，2009年，第1781页。
② ［清］何治基等撰：《安徽通志》，华文书局，1967年，第4001页。

最后，再谈谈"霍丘"与"霍邱"的关系。

万历（左）、康熙（中）、乾隆（右）《县志》所用"霍丘"与"霍邱"的情况

喜欢阅读古籍的朋友大概会发现，清以前的历史文献中基本都言"霍丘"而非"霍邱"，之所以出现地名的变化，其原因在于避讳。

避讳是封建统治时期的特殊产物，其对象不仅仅是帝王，也包括圣贤、官吏、长辈等。清雍正三年（1725），世宗下令以"改字法"避孔子讳，《雍正上谕内阁》卷三十九载：

> 雍正三年十二月上谕二十九道。
>
> 二十七日，奉上谕：朕以先师孔子圣讳，理应回避。前降谕旨，令九卿会议具奏，经九卿议覆，凡系姓氏，俱加"阝"为"邱"字；凡系地名，皆更易他名；至于书写常用之际，则从古体"丠"字。
>
> 朕细思今文出于古文，若改用"丠"字是仍未尝回避也。此字本有"期"音，查《毛诗》及古文，作"期"音者甚多，嗣后除四书五经外，凡遇此字，并加"阝"为"邱"，地名亦不必改易，但加"阝"旁，读作"期"音，庶乎允协，足副朕尊崇先师至圣之意。①

---

① ［清］胤禛：《雍正上谕内阁》，清文渊阁四库全书本。

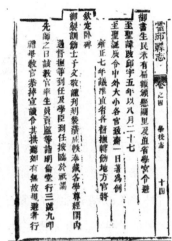

同治《霍邱县志》对改"丘"为"邱"的记载，但未提及其字改音

20 世纪 90 年代《霍邱报》试刊号，报头用"霍丘"，刊首语（右上方）用"霍邱"

这道上谕体现的避讳要求可以归纳为四条：

其一，四书五经中的"丘"字，不避讳；

其二，除四书五经外，凡遇"丘"字，改书为"邱"；

其三，涉及避讳的地名不需要重新起名，改"丘"为"邱"即可；

其四，更改后的"邱"字，读音为"期"。

同治《霍邱县志》卷四《学校志》记载了这道上谕的传达情况："是年十二月，御书'生民未有'匾额悬阙里，及直省学宫令避至圣讳改邱字。"这印证了《雍正上谕内阁》的相关记载。于是，自隋开皇十九年（599）设立的"霍丘县"正式改写作"霍邱县"并沿用至今。"霍丘"一词共使用了 1126 年。

不过，老百姓似乎对"霍期"这个读音并不买账，年久日深，再也无人提及。

金声玉振话文庙

对于在霍邱城关长大的朋友来说，文庙承载了我们共同的乡土记忆。

那是县里为数不多的保存较为完好的历史建筑——红墙黄瓦、飞檐翘角、古朴厚重。踏着油滑的青石板，一路仰望葱郁的松柏，穿过两庑来到庄严的大成殿前——这并不漫长的道途，仿佛走过了古城的千年时光……

霍邱文庙在不同时期与场合，名称各不相同，比如孔庙、文庙、学宫、圣宫、县学、儒学、黉宫、红学以及如今的"文化馆"等。由于特殊的历史背景，其建筑规模、修缮次数、碑记数量，都是全县其他历史建筑不能比拟的。过去的几百年间，文庙屡修屡圮，每个时期呈现出不同的建筑格局，可以说一代人有一代人心中的文庙，因此，聊文庙这个话题，需要移除当下的视线，从其建筑功用、规模格局、兴修历程和碑文价值等方面做较为全面的回顾。

先看其建筑功用。

明代国子监学录李奎在《重修儒学碑记》中说："予以学校之建，所以

霍邱文庙今貌

明人伦、美教化、育英俊，以隆政本，三纲五常赖之以明，忠臣义士赖之以出，自古王天下者，未有舍此而能治也。"[1] 对于封建时期的县城来说，文庙可谓"一县根本"和"风教之原"。从保存在县志中的十余通文庙碑记来看，几乎每位知县到任霍邱，甫一下车，必拜孔庙。通过祭祀和实地走访，能帮助"父母官"快速了解县情县貌：文庙兴则礼乐正，自然文教灿然，腾蛟起凤；相反，文庙颓则奎星暗，往往科名不显，士风靡弱。虽然根据碑文记载，文庙历次修缮的"原动力"，多与新知县到任后对其残破圮毁的"第一印象"有关，但封建帝王特别是明清诸帝对孔子的推崇，以及儒家学说、科举制度在整个封建治理体系中的特殊地位与作用才是其不断修缮的根本原因。

　　文庙与孔庙略有不同，后者主要用于祭祀孔子，又有国庙、家庙和普通孔庙之分，分别为帝王、孔子后裔和一般官民祭祀所用；通常意义上的文庙则兼具"学"和"庙"的双重特征，以霍邱文庙为例，其既是教育基地（县学），又是祭祀场所（孔庙），肩负着传播儒家文化、开展儒教活动以及举行春秋两季祭祀等多重任务，这也是前文所谈到的其名称多样化的由来。为了方便讨论，我们笼统地将霍邱文庙所包含的全部建筑称为"文庙"。

　　再看其规模格局。

　　据不完全统计，目前全世界共有孔庙两千余座，其中国内有一千六百余

霍邱文庙石雕（局部）

---

[1]　本文所引碑记，均出自明清《霍邱县志》，其中同治《霍邱县志》之《艺文志》载有其大多数碑文，因此为行文顺畅，本文径举碑记篇目及其作者姓名，不再一一注明出处。

座，虽然规模不同，但建筑格局大体相似。霍邱文庙基本涵括了传统孔庙的所有建筑种类及其特征：主体呈中轴线布局，在功能上分作孔庙和学宫（儒学、县学等，以下皆以"学宫"代称）两大片区，其中孔庙由南至北依次建有照壁、金声玉振门、棂星门、泮池、戟门、大成殿、明伦堂、尊经阁；大成殿两侧有东、西二庑，供奉先贤、先儒；学宫居孔庙之东，其内建有忠义祠、乡贤祠、名宦祠、崇圣祠、土地祠（名宦祠、土地祠后迁往戟门两侧的官所）、照壁、射圃等；孔庙外棂星门东侧有奎楼，西侧有教谕署。霍邱文庙屡毁屡修，至今大成殿、明伦堂、两庑等主体建筑犹存。

通过县志，对霍邱文庙的部分建筑样式可做比较直观的了解，譬如金声玉振门，乾隆《霍邱县志》卷五《学校》云"棂星门外，东西各一座"；譬如棂星门，万历《霍丘县志》第三册《建置》云"三座，旧制冲天柱护朽，嘉靖四十二年改立门坊三座，非礼制也，万历六年知县刘佐改修，乃复旧制"；又如泮池，同书《建置》云"戟门外，桥三洞"；再如戟门，同书《建置》云"三间、东西耳房各一间"；等等。

此外，文庙周边的附属建筑及道路，也因与文庙有某种关联而被收入县志，其中以"青云路"（今云路街）最为典型。

万历《霍丘县志》第三册《建置》载"青云路，对儒学门，成化初年，

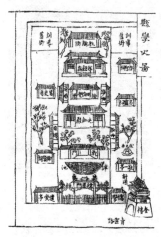

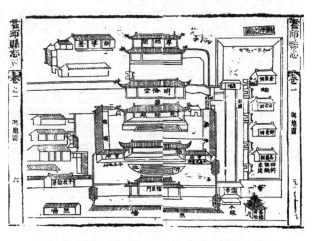

康熙《霍丘县志》所示　　　同治《霍邱县志》所示霍邱文庙建筑规模与布局
霍邱文庙建筑规模与布局

通学生裴源清等呈院开创，寻发科第"，这是其名称的由来。

　　同治《霍邱县志》卷十《人物志》对裴源清开创此路有较为详细的记载，大致意思是说，形家认为，学宫前不宜有障蔽，州郡一级的文庙其正门相对处都铺设了直道，叫"青云路"，取"青云直上"之意，但霍邱未有。明成化年间，霍邱知县高公（高升）修缮学宫，于是裴源清倡议开拓，"直突而南，右达通衢"，其后霍邱诸生"科第蝉联"，后人因此铭记高公的肇始之功和裴氏的开拓之力。此外，该县志还记载了裴氏高中明经后，"不乐仕进，家食而终"，是位颇有"个性"的明代书生。

1940 年，霍邱县立初级中学迁校址于文庙，更名"霍邱县立中学"。
照片中诸生身后是高大的棂星门（照片由穆志强先生提供）

　　再看其兴修历程。

　　就现有资料而言，可以说文庙的兴修是霍邱建筑史上最复杂、最艰辛、最连贯又最反复的样本。同治《霍邱县志》卷四《学校志》对其修筑史做了初步梳理，但不够完备。下面结合诸种县志特别是其中的碑记内容重新整理，制成表格，以便帮助读者形成较为直观的印象。

表 1　明清时期霍邱文庙兴修历程表

序号	建筑时间	召集人	职官	建 筑 事 项	碑记
1	洪武五年（1372）	俞 达	教谕	创建学宫	无
2	宣德四年（1429）	严 敬	知县	重修礼殿、讲堂，重饰先圣及四配容，绘十哲像，建东西两斋，建戟门及两庑	有
3	成化初	裴源清	生员	开辟青云路	无
4	成化五年（1469）	高 显	知县	重修殿宇号舍	无
5	成化十三年（1477）	高 升	知县	建后堂于明伦之北五间，立号房翼左右共二十四间，两号各设外门，两斋峻起，砌泮池于棂星之北，迁梓潼于神厨之南，自儒学门外南开直道，而右转通衢，两号之各有房者，一以储廪饩，一以会廪食	有
6	成化二十年（1484）	萧 翀	知县	复修讲堂、馔堂，开学前池地为兴贤街	无
7	正德六年（1511）	许 诚	义官	重修大成殿	无
8	正德六年（1511）	林 皋	知县	增明伦堂为五楹	无
9	正德间	裴大辂	生员	恢复西庑后为民所占之隙地	无
10	嘉靖初	董 贯	训导	改建训导衙舍于新射圃亭西	无
11	嘉靖初	苟 谦	知县	将号房扩修为二十间，改建讲堂，在明伦堂后西七间	无
12	嘉靖九年（1530）	林一阳	知县	重修县学，建射圃亭	有
13	嘉靖十年（1531）	叶 照	柱史	建名宦、乡贤祠	有
14	嘉靖二十七年（1548）	许 珠	邑人	重修	无
15	嘉靖二十八年（1549）	罗汝贤	教谕	率通学生质官清出学池，至公馆旧墙为界	有
16	嘉靖三十四年（1555）	黄 楷	知县	捐置学田一百三十亩	无
17	嘉靖四十二年（1563）	时 旸 余 翊	邑绅	重修	无

（续表）

序号	建筑时间	召集人	职官	建　筑　事　项	碑记
18	万历三年（1575）	周佩	知县	重修	无
19	万历十年（1582）	武之望	知县	重修	无
20	万历十七年（1589）	武之望	知县	重修明伦堂	有
21	万历二十二年（1594）	杨其善	知县	重修敬一亭	无
22	万历二十四年（1596）	杨其善	知县	重修棂星门	无
23	天启元年（1621）	邓英	知县	重修庙庑、乡贤祠、名宦祠、棂星门及正斋	有
24	崇祯十三年（1640）	张先生	不详	重修棂星门外建木棚	有
25	崇祯十五年（1642）	谢明教	教谕	两列置品字墙，东西高两门以便启闭	有
26	崇祯时期	左相申	知县	创建尊经阁	无
27	顺治九年（1652）	管抒素	知县	重修	有
28	顺治十一年（1654）	林冲霄	邑人	重修儒学东庑	有
29	顺治十三年（1656）	沈德舆	教谕	倡建奎星楼	有
30	康熙二年（1663）	杨显德	知县	增修殿、庑、堂、祠、楼、阁、门垣、斋舍、庖塔	有
31	康熙七年（1668）	姬之篑	知县	增修	无
32	乾隆八年（1743）	李作梅	知县	重修讲堂	无
33	乾隆十二年（1747）	钱以铨	教谕	重修讲堂	无
34	乾隆十五年（1750）	丁恕	知县	捐修大成殿一座两庑十四间、棂星门三座、崇圣宫三间、大门三间、乡贤祠、明伦堂、尊经阁	有
35	乾隆十六年（1751）	张海	知县	接续丁恕重修	有
36	乾隆十七年（1752）	陈玳等	监生	同修大成坊	无
37	乾隆四十年（1775）	刘作垣	知县	重修儒学并将木制棂星门易之以砖	有
38	乾隆五十三年（1788）	张敬业	州同	建照壁一座	无

（续表）

序号	建筑时间	召集人	职官	建 筑 事 项	碑记
39	乾隆五十八年（1793）	窦国华等	邑绅	重修大成殿	无
40	乾隆六十年（1795）	周 极	监生	捐修西庑	无
41	嘉庆三年（1798）	左 辅	知县	复扩东西两庑十四间为十八间，议建奎楼，卜地筑基，旋去任	无
42	嘉庆四年（1799）	何班等	邑绅	重修明伦堂	无
43	嘉庆六年（1801）	玉 福	知县	重修大成殿	无
44	嘉庆七年（1802）	汤发祥等	文生	捐修戟门及左右厅	无
45	嘉庆十八年（1813）	窦国华等	邑绅	重修大成殿	无
46	道光四年（1824）	窦守谦等	邑绅	重修大成殿	无
47	道光九年（1829）	刘 钦	邑绅	重修学宫	无
48	道光十三年（1833）	刘廷槐	知县	重修学宫	无
49	咸丰八年（1858）	裴克端等	邑绅	捐修学宫两庑	无
50	咸丰九年（1859）	叶公谕	邑侯	重修学宫	有
51	同治八年（1869）	陆鼎敩	知县	改建大成殿东西两庑、明伦堂、崇圣祠暨前后学署、尊经阁、大成门、泮池、腾蛟起凤门并围墙	有
52	不详	朱良彦	邑人	重修尊经阁	有

由表可知，自洪武五年（1372）至同治八年（1869）的近五百年间，霍邱文庙先后经历五十余次修缮，建筑规模不断扩大，建筑样式也不断丰富，在满足祭祀、文教等传统功用的基础上，又集纳了忠义祠、乡贤祠、名宦祠、土地祠等富有地方文化特征的建筑，遂为一县之文化枢纽。

结合上表，我们可从以下五个方面，对文庙兴修历程中的细节问题稍加探讨：

其一，文庙的创立时间。万历《霍丘县志》第三册《建置》云"学在县东，洪武五年，教谕于达创建"，其后县志多依此说。然而，同书第九册《艺文》中元代总管王穆所作《城隍庙碑记》云"文庙聿兴，则士风励，而人知所以劝学矣"，可知元代至顺二年（1331）霍邱曾建有文庙，但这应该也不是文庙的最初创立时间，因为该文又说"至若文庙、三皇、县厅、驿馆，无废不举，皆吾承事郎达鲁花赤名怯列者，为民创立专力所致也"，可见怯列只不过是在前代"废"的基础上重修了文庙等建筑。由此可以得出结论：霍邱文庙中孔庙部分的营建年代久远，今已不可考，但其东侧的学宫为明代洪武五年（1372）正式创建。

其二，学宫的创建者。万历《霍丘县志》第三册《建置》云"教谕于达创建"，乾隆《霍邱县志》卷五《学校》亦作"于达"，但同治《霍邱县志》卷四《学校志》云"洪武五年，教谕俞达创建学宫"，同书卷十四《艺文志》载同治八年督学使者殷兆镛所作《重修霍邱县学碑》亦云"教谕俞达创建斯学"。究竟是"于达"还是"俞达"？查万历《霍丘县志》卷五《秩官》，有"教谕：于用达，洪武年任"，同治《霍邱县志》卷八《秩官志》"儒学教谕"名录下，亦有"洪武：于用达"，可知"俞达"之名在同治《霍邱县志》中自相矛盾。该志在记载霍邱地名、人名时多有错讹（参见本书《"霍邱八景"及其明清题咏》），在无具体校注的前提下，当以早先志书所载"于达"或"于用达"为是。

其三，修缮主体的变化。知县、教谕作为地方行政和教育的主管，是历次文庙修缮的主要发起力量，但清嘉庆以后，民间士绅参与度上升，其中以窦国华家族最为典型。据同治《霍邱县志》卷四《学校志》记载，乾隆五十八年（1793）他率子守愚、守谦修缮大成殿，嘉庆十八年（1813）又率二子重修该殿，道光四年（1824）守愚、守谦以及守谦之子荣昌再修该殿。三十年间，窦氏一门几乎每隔十年对大成殿重修一次，一方面足见其精诚，另一方面也可见彼时民间助修已成风气。同样的情况还有何班及其侄何赐年、侄孙何栋重修明伦堂等，不再详述。

其四，屡次修缮的原因。顺治年间的教谕黄达士在《鼎新圣宫劝助序》中，将霍邱文庙的历史遭际概括为"四个一"，即"一毁于坐镇之兵营，一损于居民之鼠窃，一颓于霪雨之飘摇，一废于俭岁之因循"，这是相当全面的。近五百年间文庙屡修屡圮的原因，除风雨摧蚀外，还有天灾和人祸，前者如万历十七年（1589）正月明伦堂火灾，后者如明崇祯八年（1635）、清咸丰七年（1857）两度城陷，都给文庙建筑带来灭顶之灾。邑人裴正绅所作《重修霍邱县学记》称，咸丰时期城破后，文庙"射圃尽堆枯骨，黉宫鞠为茂草"，其毁圮可见一斑。

其五，建筑名称及内在的变化。文庙的兴修，既有实体意义上的修缮、增广，又包括建筑名称的更易和祭祀对象的调整，譬如大成殿，在明代就经历过更名，万历《霍丘县志》第三册《建置》载："嘉靖十年（1531），奉制更殿曰先师庙，易封号，撤土像，题木主牌位；昭建启圣公祠，祀叔梁纥，以先贤先儒配。"这段话实际阐明了"一改一建"两个变化：一是奉制改谥，也就是《明史》卷十七《世宗一》所载的"（九年）冬十一月辛丑，更正孔庙祀典，定孔子谥号曰至圣先师孔子"①，于是改"大成殿"为"先师庙"，同时撤除泥塑圣像，改题木主牌位；二是新建启圣公祠，用以祭祀孔子生父叔梁纥，其方位在学宫之北。到了清代，"启圣公祠"又被改名，乾隆《霍邱县志》卷五《学校》载："雍正元年（1723），加封五代王爵，改启圣祠为崇圣祠。"

霍邱文庙大殿西侧建筑

① ［清］张廷玉等撰：《明史》，中华书局，1974 年，第 223 页。

最后，谈谈文庙碑记所反映的兴修细节及其史料价值。

其一，文庙的兴修和人才的兴盛曾相互促进。明代国子监学录李奎在《重修儒学碑记》中说，宣德四年（1429）知县严敬修缮文庙后，"不五载，而使规模制度、文风士习十倍于昔"，这是建筑陶冶学风的结果；同样，人才兴盛也促成了文庙的修缮，比如清代邑人朱良彦在《建尊经阁序》中说："如前戊子发三人①，得之改明伦堂；丁卯之发一人，得之建奎楼；庚午之发二人，亦得之移棂星门。"这种相互促进成为文庙历次修缮的内在动因之一。

其二，修缮资材来之不易。由于没有类似当今的"政府拨款"，文庙修缮的资金募集多由知县带头捐俸，士绅大族紧随其后，但这种模式不尽完善：一方面，非常时期官员的收入并不能得到有效保障。据邑人林冲霄《重修学宫门墙记》记载，兵燹之后，司训（教谕）谢明教为了修筑棂星门外的学宫门墙积极奔走，但"残城久不给俸，费苦无出"，林冲霄不禁感慨："宦况可云极苦。"无奈之下，谢司训拿出"私房钱"——新生的贽金（见面礼）数十千，"半给薪米，半供修建"，才促成开工。另一方面，即便是正常时期，仅靠知县的官俸和几位士绅的"襄助"，力量也十分有限，于是"摊派"在所难免，势必增加百姓负担。清代知县陆鼎敦在《重修霍邱县学碑》中说，霍邱虽无"富商大贾，素封之家"，但土地广袤、田户众多，"因创议：每田一顷，捐钱一千；其不及百亩者，免其捐输；以四年编征熟田，计亩科捐，可集资七千有奇；益以前后所捐，统计九千余缗，不靡不费，可以济事"。这"九千余缗"只是陆知县的内心盘算，为了保障"科捐"顺利进行，他指派沈道恒、翁光德等分赴四乡"劝谕"，不巧的是，是年"秋禾不登，捐缴寥寥"，集资的筹划只好作罢。

募款之外，鸠工庀材也是修缮的重要环节。"鸠工"尚易解决，"庀材"特别是准备修筑主殿的"材"，往往需要机缘。陆鼎敦在《重修霍邱县学碑》中记载了让"工师"进山采木，但"屡求不获"，历时半载才找到适合大成殿梁柱的"大木"，其艰辛可见一斑。

---

① 此为明朝万历十六年（1588）的会试时间，中第者为李朝寅、田足国、田既霈，下同，不一一说明。

其三，从主持修缮官员的感慨中，能看出官民信仰的现实偏差。万历四十八年（1620），知县邓英尹霍，刚下车便直奔文庙。看到四周残破的建筑，他感慨万千——那些在他眼中的屠沽佣保之辈、引车卖浆之流，一旦听闻佛寺、道观要募资修缮，即刻解囊"竭蹷从事"，以致"佛老之舍，朝而圮焉，夕而新之"，但作为"一县根本"的文庙却"岁久弗葺，颓圮漫漶，观者扼腕"，这究竟是为什么？

有过类似感慨和疑问的官员不在少数，其中不乏言辞激烈者。譬如顺治时期的教谕黄达士，其在《鼎新圣宫劝助序》中痛斥学宫"反不得与衲子之招提、羽人之道观，侈靡丽于金碧"，深为之"触目神怆"。同为顺治时期邑人的前进士林冲霄，在其《启建儒学东庑序》中一方面记载了佛老信众积极为寺观募捐的"热闹"场景，说"佛老之宫，稍有倾圮，则杨铃振柝，四方之赂捆至"；另一方面对读圣贤书、食圣人禄的儒生，眼见学宫颓毁却"漠不为念"的现状进行了无情鞭挞。

相较于以上几人将矛头直指佛老，同治时期督学使者殷兆镛的笔锋更加犀利，他在《重修霍邱县学碑》中将文庙的破败与当地三类建筑的豪奢做了对比：一是当权者的住所，其言"当事者喜于重睹升平，自饰廨宇，大兴土木，亭台池馆，崇闳壮丽，十倍旧观"；二是"僧道之舍"；三是武官祠庙，其言"军伍将校之祠，争营恐后"。反观属于"地方要工"的文庙，"辄以经费不足，迄今数载，十未举一"。督学使者亦称"督学""学政"，是朝廷派往各省督导教育及主持考试的专职官员。从"体制内"的殷督学的对比之辞，可见晚清地方文庙修缮的真实境遇。

其四，文庙一方曾与百姓发生复杂的利益纠葛，以占地最为典型。文庙兴建过程中，其用地常为周边百姓占取，遂而引发矛盾。据万历《霍丘县志》卷三《建置》载，明代大成殿西庑后原有一片"隙地"，正德间"民多侵之，通学生裴大辂等仗义恢复，始立名宦、乡贤二祠"；又如号房，即诸生席舍，在明代曾因倾圮而荒作蔬圃，渐为"侵占佃住"，后被通学生"备金赎取"。

在知县黄楷所作的《学博罗公去思碑记》中，讲述了嘉靖二十四年（1545）教谕罗汝贤几经努力，收回被侵占的"学地"的情况。嘉靖七年

（1528），为了防御"流贼"，都宪丛公带领百姓挖土筑城，结果在文庙与城东之间形成洼地，俗称"学塘"，可以养鱼贩利。学塘初为公家所有，后为附近"豪强之徒"侵占，逐渐填平，遂称"学地"。这片土地面积可观，"西北至公馆旧墙，西南至民瓦屋，东抵城，袤五十余步"。罗汝贤带领县学生"质诸御史"，又多次"陈其事于当道诸公"，终将其收回，于是"士歌于庠，民颂于野"。表面上，这只是教谕与地方豪强之间围绕具体利益的摩擦，实际上罗氏"不避艰难险阻""委屈以图之"的坎坷经历正是学宫一方在解决现实问题时弱势的体现。

其五，针对学宫的"风水不佳"，"迁庙"之声曾不绝于耳。文庙地处县城东北，城内西高东低的地势，导致其选址在形家眼里一直有低、洼、塞的印象，"迁庙"呼声即由此而来。

万历四十八年（1620），霍邱文庙在知县邓英的主持下修缮一新，侍郎张鹤鸣为其作《重修圣宫碑记》。作者向前来乞文稿的诸生询问：霍邱旧为礼仪之乡，"弦诵之地"，为何文庙会经久失修，残破至此？诸生回答：近年来当地很少出人才，有形家说是因为学宫"洼且塞"，唯有迁庙才能改变。之前的王知县听信此说，然而未来得及实施便仓促离任；其后邓侯尹霍，也陷入迁庙的争论，最后决定先修缮，等争论出结果再考虑是否迁移。经历了明末的战火，清代官绅对文庙风水的质疑甚嚣尘上。在《霍邑鼎建奎阁碑记》中，作者刘廷槐曾直言"霍学居城东偏，地势卑下，水不能交"，应该通过建奎楼的形式加以扭转。

当然，迁庙的建议从未被采纳，一方面是因为需要大量资材且耗时费力，地方官很难在短暂任期内实现；另一方面是因为主政者意识上的清醒，譬如教谕黄达士在《鼎新圣宫劝助序》中，批驳了持学宫"地势洼下，迩又破碎，以致寥寥科第"论者，他列举多位乡贤的"成功"例证，坚信霍邱"形胜亦綦厚""灵岳标奇"，要求"乌得轻言易置"。

其六，文庙其他建筑的兴修，也多有风水的参与。据《重修霍邱县学碑》记载，同治七年（1868）知县陆鼎敩曾对兵燹之后即将倾圮的文庙进行大规模修缮。在制定大成殿修缮方案时，有人提出"原基卑隘，故文风虽甲于颍郡，而科名不显"，于是陆知县"特允邑绅之请，殿基升高三尺，规模扩大"。现如今我们所看到的大成殿，就是这次抬升地基后"巍然奂然"的状貌。

不仅是抬主殿地基，风水的参与还体现在其他建筑的修缮中。譬如两庑，据林冲霄《启建儒学东庑序》记载，顺治年间大成殿重新落成后当政者便着手两庑的修缮，采纳了形家"祖宅不西益"的说法，通俗地说就是不向西面扩充居所，古人认为向西扩充不祥，于是在资材有限的情况下，率先重建了东庑。又如尊经阁，据邑人朱良彦《建尊经阁》载，该阁选址在学宫后方（北面），原因就是此地"卑凹"，众议以为建阁能"接脑力之不足"。在文庙的外围，最能体现风水参与的要数奎楼。古人认为文庙坐北（"坎"）朝南（"离"），要改善风水，接引天风，就需要在"巽"位上做文章，于是将奎楼选址在文庙东南，这在本书《奎楼兴建始末》一文中有详细介绍，不再赘述。

明代侍郎张鹤鸣在为霍邱文庙所作的《重修圣宫碑记》中说："故视圣宫（文庙），不啻家室也；视圣宫之圮，不啻家坠也；视弟子员之精进，不啻家子弟之成立也。"这几乎是文庙历次修缮中所有主持者和热心参与者的共同心声。回眸往事，我们既为他们浓厚的家国意识和赤诚的兴学主张所感动，又为那个时代儒生背负矢志科举、顾盼风水等精神枷锁感到沉重。五百年往事苍凉，五十次架梁立柱，留住的是这座小城的吉光片羽，留不住的是对科举的痴迷、对儒学的虔敬和对封建礼教的尊崇。

《孟子·万章下》云："集大成也者，金声而玉振之也。"如今的霍邱文庙，金声玉振门早已不在，唯有大成殿四檐悬坠的黝黑的铜铃，伴随习习凉风，隐隐作响，似在召唤当年的司铎者……

幽明共理说城隍

元朝至顺二年（1331）春，回乡"闲居养疾"的前总管王穆收到其"乡弟"、罗山教谕张叔英①的来信，信中满载霍邱"耆宿儒学"的深情嘱托，希望他能为县里刚刚落成的城隍庙题写碑记，"勒石于庙，以图远传"。

读罢此信，王穆"惊且喜"，于是欣然命笔，作《城隍庙碑记》（以下简称《碑记》）。该文载于万历《霍丘县志》第九册，这是目前可见有关霍邱城隍庙的最早文献资料。

根据《碑记》，这座大型建筑于是年正月初开工，二月末完竣，前后耗时不到两个月，且是在寒冷的冬季。这座久经风雨的庙宇已有近七百年历史，其部分建筑至今犹存。

霍邱城隍庙旧影（照片由穆志强先生提供）

---

① 万历《霍丘县志》第九册《艺文》作"张叔英"，乾隆《霍邱县志》卷九《艺文》作"张淑英"，同治《霍邱县志》卷十四《艺文志》亦作"张淑英"，今从明志。

霍邱城隍庙
部分建筑今貌

　　说起城隍庙，读者朋友大概很想了解三个问题：谁建的？为什么建？什么造型？

　　对于第一个问题，《碑记》说得清楚明白：城隍庙的倡建者是当时的承事郎达鲁花赤，名叫怯列。"达鲁花赤"是蒙古语，意为"掌印者"，是一种职官称谓。元代规定汉人不能担任官吏系统中的正职，因此朝廷各部以及各路、府、州、县均设有达鲁花赤，由蒙古或色目人担任，掌控实权。

　　万历《霍丘县志》第五册《秩官》载："宋嘉定十六年（1223）蒙古初置达鲁花赤治县。""元（霍丘）设达鲁花赤一员。"霍邱历史上有文献记载的达鲁花赤共两位，一位是昔里吉思，另一位就是怯列。由《碑记》可知，怯列在霍邱为官三载，颇有政声。为了尽快建成城隍庙，他"首捐己禄"，官吏士绅纷纷效仿。在强大的"感召力"下，修庙既未影响市肆交易，也未影响农时耕播，仅一个多月便巍然完竣，"神人俱依"了。

　　接下来的问题是：当政者为何要花费气力，用"公权力"去修筑满足民间信仰的城隍庙？

首先，按照王穆总管的个人理解，一城之中，有人则必有神，神必定会保佑那些对其虔诚的信徒；神祇与知县（达鲁花赤）各有分工，前者负责"理幽"，后者负责"治明"，这一"幽"一"明"几乎囊括了百姓日常的物质和精神生活。道理说起来简单，真正做到却并不容易，至少为民"理幽"的场所仍是空白，如今怯列率民筑庙，他对待神明尚且如此敬重虔诚，那么对待老百姓的"宽广仁爱"也就不言而喻了。这段话，虽是《碑记》所载的王穆的个人观点，却也代表了那个时代官绅阶层的普遍认知。

其次，这是以怯列为代表的地方官员复兴传统，分步实施"建筑教化工程"的结果。王穆在《碑记》中详述了"近年来"霍邱城从"庙制圮坏"到"渐次创立"的过程：一方面，天历三年（1330）春，他回"安丰旧庐"闲居养疾，只要听到地方官有嘉言善政，他便欢欣鼓舞，"如炎而凉，如渴而浆，如口出而身履，如屠门之大嚼"；如若不然，便"心怀戚戚，数日不能排遣"。俗话说"不在其位，不谋其政"，这究竟关自己什么事呢？大概是"人心思定，天道公理去人心不远"吧。另一方面，想必来信中张叔英教谕也对"近年来"霍邱的建设情况做了详细介绍，于是他复载入碑，以彰其德：

一、文庙聿兴，则士风励，而人知所以劝学矣；

二、三皇殿成，则播植繁，而民知所以务本矣；

三、复修县厅，是堂高政平，民知承惠而讼简矣；

四、又修馆驿，是送往迎来，民知致廪而敬上矣；

五、再修尉司，为治之所，是盗所屏息，民知安其居矣；

六、虽忠显吕尚书祠堂，犹加缮完；

七、经营城隍忠佑辅德大王之庙，是祸福昭彰，雨旸时若，民知乐其业矣。

不难看出，这项"建筑教化工程"是计划井然、分步实施的，其目的依次为劝学、务本、讼简、敬上、安居、乐业，可谓统筹有法、指向明确。其中宗教建筑有两座，为三皇殿和城隍庙，前者主祀天皇、地皇和人皇，也就是远古时期的三位杰出氏族领袖——伏羲氏、神农氏和轩辕氏，修筑目的在于劝农务本；相比之下，城隍庙略有不同，其主祀"忠佑辅德大王"，也就是俗称的"城隍爷"，他是古代民间信奉的守护城池之神，也是道教的重要神祇之一。

城隍庙部分建筑构件

《碑记》中王穆对这七座建筑的描述还有三点值得留意：一是城隍庙的修筑用的是"经营"二字，即初建，不同于吕尚书祠堂的"缮完"；二是这七座建筑的修筑都是达鲁花赤怯列所主持，当然，也离不开令尹杨承事、主簿康

城隍庙部分建筑
二楼木结构

将仕、典史高安富等共襄其事；三是筑修的出发点是"为民创制，非徒观美而已"，整体格调是实用大于审美，突出其现实功用。

那么，这座城隍庙的造型如何？

这个问题较为复杂，一方面要说清楚城隍庙初建时的形制规模，另一方面还要通过资料的梳理，将其历次修缮和增广情况略做说明。

先看其肇始规模。《碑记》中有大致描述：

一是方位：在"县治之西北、淮水之东岸"，建于"周霍叔故址"；

二是规模：有"正位三间、七架"，又"神门一座、三阁"；

三是内景："金碧灿若，灵飙肃驭，王冕端居，祷祈感通……"

结合万历《霍丘县志》之《图考》，可知城隍庙位于县城西北角，东倚马神庙，南对火星庙（见下图）。

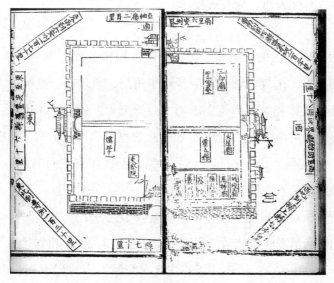

万历《霍丘县志》所示城隍庙方位

此后，城隍庙历经了多次修缮与增广。

首次重修是在明万历年间，事见乾隆《霍邱县志》卷九所载邑人李本立的《重修城隍庙碑记》。文中提到了修缮的原因：一是该庙自建成以来已历二百六十余年，年久失修，殿宇促狭，不利于宗教活动的开展；二是新官（"临潼武侯"）到任，"欲易其敝陋"，于是由其带头"捐俸金若干缗"，士绅

"纷纷解囊"，百工亦"欣然相应"。重修大致体现在十个方面：

  一、厥中维殿檐阿前郭，可居高听卑；

  二、厥北串堂通寝室，深居幽邃，可冥合元机；

  三、翼以两廊，彰善瘅恶，纪功录过，各有司存；

  四、厥阳作拜殿，关昭爽朗，而登之敬礼之心，油然而生；

  五、左右作角门，肃出肃入，节宣惟严；

  六、东祠土地，长物之始；

  七、西祠狱神，物理之成；

  八、殿左建公署，俾宿谒有所，阴阳表里之义；

  九、殿右置道房，俾焚修有常，恭敬明神之典；

  十、门伉当阳，墙屏衢外。

这些变化表现在：纵向（南北）上，新建了殿檐前郭、串堂、两廊和拜殿；横向（东西）上，围绕中轴线两侧新建了角门、土地祠、狱神祠、公署和道房等；此外，主体建筑四周筑立围墙，直抵街衢。和元代相比，无论在规模还是功用上，都可谓"脱胎换骨"。据《重修城隍庙碑记》载，此次修缮工期从庚寅冬，也就是万历十八年（1590）始，至次年春三月告竣，不到半年，便"庙宇巍硕，焕然一新，威爽增耀矣"。

  到了清代，城隍庙至少经历了五次重修（见表 1）。下面简要介绍一下有碑记记载的修缮情况（该庙清代所附田亩情况见表 2，不再详述）。

  乾隆十六年（1751），知县丁恕作《重修城隍庙碑记》（见同治《霍邱县志》卷十四《艺文志》），详述了"丁卯年"即乾隆十二年（1747）五月动工的修缮工程。文中说，明末兵燹给霍邱带来巨大破坏，曾经威赫一时的城隍庙竟成"荒台废址"。乾隆十一年（1746），知县钱以铨抵霍后"瞻仰殿宇，满目荒凉"，唯见"瓦砾与阶砌俱崇，神像共榱桷同歌"。"榱桷"即屋椽，这句对仗形象地反映出当时庙宇的残破场景，于是钱知县号召大家捐俸复建，"约费千金，越期年而工竣"。

表 1　清代霍邱城隍庙修缮简况

时　间	主持者	修缮人	内　容
乾隆十二年（1747）	知县钱以铨捐俸，士民乐输督修	生员林稽、姚起灏、胡士丰、王梦麟	重建正殿三间、卷棚三间、十王殿十间、狱神祠三间、土地祠三间、东西角门二座、垣墙一围、丹房五间、威灵坊一座（庙东南，系城隍庙神道外）
		监生汪淳	拜殿三间
		监生郑昊	时辰楼、戏楼
		贡生李文佩	大门楼三间
乾隆三十一年（1766）	未详	邑绅姚起灏、张大卓	重修
道光二年（1822）	主持李合魁募化，知县徐成章捐俸五十金	邑绅乐输、文生张梦庚、教职张嵩龄、教职姚瀚、监生杨潆、武生罗盛瑞、监生邹凤阁、文生姚森、邑民汪克荣、刘迁荣、樊鹤清	重修
道光十九年（1839）	邑尊李谕董捐廉督修、少府张勤助资任事	助修者名单载于《重修城隍神道碑记》（已毁）	修复城隍庙前神道
同治七年（1868）	未详	未详	重修威灵坊

表 2　霍邱城隍庙所附田亩简况

施　主	数　量	方　位
（自有）	湾地四石	新河洲
众公	田地六石	花家岗
毕超凡	田四石	郑塔铺
生员罗如锦叔侄	田七石二斗	新店埠
刘复初	田九石	长塘梢

表1已将此次修缮的基本情况列出，但此表是根据同治《霍邱县志》卷二《营建志》整理的，与丁恕《重修城隍庙碑记》中的记载略有出入，现将丁文所记列举于下：

一、创修大殿卷棚三间；

二、重修东、西厢房各五间；

三、重修土地祠三间；

四、重修狱神庙三间；

五、重修东、西门楼二座；

六、修复草房八间。

和表1相对比，同治《霍邱县志》中的记载更为详尽，特别是新建"十王殿十间""威灵坊一座"等，在丁文中未有提及。十王殿为供奉阎王之所，民间传说阴曹地府乃由十殿阎王所掌控，分别为秦广王、楚江王、宋帝王、仵官王、阎罗王、平等王、泰山王、都市王、卞城王、转轮王，其中第五殿阎罗王总领十殿，可谓家喻户晓；威灵坊，在"庙东南，系城隍庙神道外"，"威灵"意指神灵威力，屈原《九歌·国殇》中有"天时坠兮威灵怒，严杀尽兮弃原野"句。此外，同治《霍邱县志》卷二《营建志》中还记有彼时新筑的拜殿三间、时辰楼、戏楼、大门楼三间等，足见其规模之庞大、气象之恢宏，因此接任钱公的丁恕知县在碑记中称赞道：自明末以来，虽然主张修葺者不止一人，但能变"数百年废坠"于"重新"者，能"幽明共理"以致"民食其福、神安其居"者，唯有钱公。

相比之下，道光十九年（1839）的修缮目标相对单一，仅修复了城隍庙前的神道，事见同治《霍邱县志》卷十四《艺文志》所载邑人周奎照的《重修城隍神道碑记》。

根据碑记，城隍庙前原有神道，直通街衢（小十字街），"神道南下，有沟一道，城中水入西湖之总渠"，暴雨来袭，雨水来不及外排时，容易将神道冲毁。道光十九年神道"崩塌殆尽"，于是由邑尊李谕董捐廉督修，少府张勤

城隍庙部分建
筑已"变身"
民宅多年，
图为内景

助资任事，鸠工庀材，月余而成。

　　以上我们简要回顾了霍邱城隍庙的建筑规模及其修缮历程。

　　如前所述，城隍庙是用来供奉城隍的庙宇。"城隍爷"作为守护城池之神，可谓冥界的"父母官"，因此多篇碑记中都强调了它的"理幽"作用。诚如知县丁恕在《重修城隍庙碑记》中所言，城隍庙乃"一邑之保障，与其他淫祠不同"，在百姓生活中有着特殊的地位与影响力。

城隍庙墙壁所嵌石碑，碑文受损严重，依稀可辨"泥水匠刘□□、吴□□"等字迹

　　接下来，我们不妨用三个真实的历史片断，来回顾这座有着近七百年历史的古老庙宇所经历和见证的人间百态：

　　"不妙，城西北那边黑压压的，定有伏兵，不可妄动，快撤！"明代正德、嘉靖年间，猖獗的"流贼"挥舞刀棒一路从南关扑来，半途中忽然有人惊呼，"贼首"赶忙向西张望，而后两股战战，当即做出撤退的决定，于是"城赖保全"。实际上，那黑压压的，只不过是高耸的城隍庙及其附属建筑而已（事见乾隆《霍邱县志》卷九《艺文》载李本立《重修城隍庙碑记》）。

　　"城隍尊神在上，某谨以六事焚香祈祷，望天地鬼神鉴临：'一不私通贿赂，二不凌辱斯文，三不亏损行户，四不科派里民，五不庇护胥役，六不姑息奸嚚'……"康熙六年（1667）闰四月吉日，时任霍邱知县姬之篪带领属下前来祭拜，并在城隍神灵前庄严许下为官誓言（事见康熙《霍丘县志》卷九《艺文》载知县姬之篪《誓告城隍文》）。

守望（雪中的霍邱城隍庙）

　　"城隍神君，我父亲金希周病重，家无财资延医用药，小民愿减己寿，为父增添，祈求神君显灵，保佑父亲早日康复。"天刚蒙蒙亮，年方十五的清瘦小伙金玉相早已跪在城隍神像前，焚香默念。几天后，他的父亲竟不治而愈，而后又健康地陪伴孝子玉相度过几十年的美好时光（事见同治《霍邱县志》卷十《人物志》）……

霍邱的坛、庙、祠与祭祀

对于一座古城来说，如果说厚重的城墙是其肌体，那么城内林林总总、功能各异的建筑无疑就是它的灵魂。我们的先人置身其间，求学、当差、劳役、祈福，曾经与建筑朝夕相处，心意交融……

明正德八年（1513），霍邱城墙全面竣工，标志着古城框架的正式定型。其后，大量的为满足统治阶级需要和百姓生活需求，特别是满足以祭祀为代表的官民精神需求的传统建筑相继矗立，历经明清两朝的多次毁圮与修缮，遂成诸种《霍邱县志》的《图考》中所展现的基本规模。

霍邱古城的建筑品类繁多，这里不妨借用同治《霍邱县志》卷二《营建志》的分类方法，将其大致分作三类：一是与官方祭祀有关，包括坛、庙、祠等；二是与民间祭祀有关，包括寺、观、庵等；三是与地方人物旌表有关，包括坊、表等。接下来，我们重点谈谈第一类的情况。

为方便讨论，先将万历、乾隆、同治三种县志（康熙、道光县志相关资料缺失）所记载的情况列表于下：

表1　万历《霍丘县志》所载官方祭祀情况

建筑名称或祭祀对象	创建时间	方 位	祭祀时间
孔 庙	未详	县学内	春二月、秋八月上丁日
名宦祠	未详	县学内	春、秋上丁日祀
乡贤祠	万历三年（1575）	县学内	春、秋上丁日祀
丛公祠	万历三年（1575）	北门	春、秋上丁日祀
社稷坛	洪武三年（1370）	城西北隅	春、秋上戊日祀
风云雷雨山川坛	洪武三年（1370）	城东南隅	春、秋上戊日祀
马神庙	未详	北门	春、秋上戊日祀
关王庙	未详	北门	春、秋上戊日祀

（续表）

建筑名称或祭祀对象	创建时间	方位	祭祀时间
龙王庙	未详	旧在西关，今移建北城外	春、秋上戊日祀
土地祠	万历十五年（1587）	县治内	春、秋上戊日祀
狱神祠	未详	县治内	春、秋上戊日祀
厉坛	洪武三年（1370）	城东北隅	清明、七月望、十月朔
旗纛神	未详	未详	霜降县官祭旗如制，祭毕举操
八蜡庙	未详	城西北二里	庙圮、祀废

表2　乾隆《霍邱县志》所载官方祭祀情况 ①

建筑名称或祭祀对象	祭祀时间	主祀对象
文昌阁	丁祭后	文昌帝君
奎星阁	丁祭后	奎星
名宦祠	春秋二仲月上丁日继释奠后	楚令尹孙公叔敖
		汉安丰侯窦公融
		唐镇国将军朱公景
		明知县严公敬
		明知县黄公楷
		明教谕罗公善
		明知县王公启
		明赠光禄寺少卿御史曾公翀 ②
		清赠江南按察司佥事知县吴公国用
乡贤祠	春秋二仲月上丁日继释奠后致祭	宋赠靖江节度使忠烈牛公富

---

① 表2仅根据乾隆《霍邱县志》卷五《祭祀》所制，但从卷四《食货》中的祭祀额银来看，并不完备，其他如常雩礼、火神庙等并未涵括在内。

② 乾隆《霍邱县志》误将曾翀列入"名宦祠"，后经同治《霍邱县志》调整，归入"乡贤祠"。

（续表）

建筑名称或祭祀对象	祭祀时间	主祀对象
乡贤祠	春秋二仲月上丁日 继释奠后致祭	宋四川招信尉孙公晖元
		宋孝子张公旺舅
		明左都御史吴公斌
		明赠户部主事曹公霖
		明户部主事曹公聪
		明孝子太学生徐公汝楫
		明太仆寺寺丞田公秀
		明知州黄公堂
		明赠儒林郎礼科给事中林公肖生
		清文林郎吏科右给事林公冲霄
社稷坛	春秋二仲月上戊日致祭	社、稷
风云雷雨山川城隍坛	春秋二仲月上戊日致祭	风伯、雨师等
（清）先农坛	仲亥日致祭行耕耤礼	先农
关帝庙	春秋二仲月丁后 及五月十三日祭	关公
关帝庙（后殿）	祭之日先祭	光昭公、裕昌公、成忠公 （雍正五年加封三代公爵）
忠义祠	春秋二仲月上戊日致祭	本县忠义
节孝祠	春秋二仲月上戊日致祭	本县节孝女
张龙公祠	春秋二仲月上戊日致祭	张龙公
马神庙	春秋二仲月上戊日致祭	马神
土地祠	春秋二仲月上戊日致祭	土地神
狱神祠	春秋二仲月上戊日致祭	皋陶氏
丛公祠	春秋二仲月上戊日致祭	御史丛公
女忠祠	春秋二仲月上戊日致祭	明执义死难黄孺人陈、李氏
勾芒之神	立春前一日致祭	芒神
旗纛神	霜降日县官同武衙门致祭	旗纛神
八蜡庙	岁腊月上戊日致祭	八蜡
刘猛将军庙	冬至后第三戊日、 正月十三日诞辰致祭	驱蝗之神宋刘公锜
邑厉坛	清明日、七月望、 十月朔举祭	城隍神

表 3 同治《霍邱县志》新增官方祭祀情况

建筑名称	祭祀时间	主祀对象	备 注
文昌宫	春祭：二月初三日圣诞 秋祭：另择吉日	文昌菩萨	嘉庆六年（1801）增祀
城隍庙	未详	有神台若干（包括十王殿、狱神祠、土地祠等）	乾隆十三年（1748）修
火星庙 ①	六月二十三日诞辰致祭	火神祝融	无
名宦祠	春秋二仲月上丁日，继释奠后致祭	共九人	新增知县刘廷槐，替换明赠光禄寺少卿御史曾公翀
乡贤祠	春秋二仲月上丁日，继释奠后致祭	共十二人	新增明赠光禄寺少卿御史曾公翀
忠义祠	春秋二仲月上丁日，继释奠后致祭	清太医院院判从征阵亡汤斋等若干人	兵燹后新建
节孝祠	春秋二仲月上戊日致祭	节孝女若干人	兵燹后新建
窦李二公祠	未详	清颍州兵备道金事窦公遴奇、寿春营副总兵李公孟夏	顺治十八年（1661）建，同治八年（1869）已废
温公祠	未详	知县温如璋	同治八年（1869）已废
孙公祠	未详	知县孙公毓英、知县陈公守仁	同治八年（1869）已废

霍邱历史上有过哪些坛、庙、祠？都有什么功用？受到的重视程度如何？又是怎样开展祭祀的？

前两个问题，大致可从表2、表3中得到答案：霍邱古城自明代以来，先后兴建坛、庙、祠近三十座，各自承担着独具特色的祭祀功用。在对其名称、用途等有了感性认识的基础上，我们还可从以下几方面展开讨论：

其一，以上坛、庙、祠所祭祀的对象，涵括了我国古代祭祀所共有的天神、地祇和人神三大类别，形式多样，意涵丰富，诚如乾隆《霍邱县志》卷

---

① 同治《霍邱县志》中的"火星庙"即前朝县志中的"火神庙"。同治《霍邱县志》卷二《营建志》："火星庙，在西门内。"

五《祭祀》篇所言："凡能御灾捍患，及有功烈于民，与夫民所瞻仰，暨民所取财用者，咸祀之。"按照古代习俗，敬天神称"祀"，敬地祇称"祭"，无论地方长官还是普通百姓，都希望借助祭祀这一人神沟通、天地交感的特殊方式，达到和谐共生的目的。霍邱古城近三十座坛、庙、祠的相次建立，满足了官民多样化的精神需求。

其二，具体而言，表中又鲜明地反映出我国古代普遍祭祀和地方祭祀两种类别，前者如社稷、先农、文昌、奎星等，类似"全国连锁"；后者如张龙公祠、丛公祠、名宦祠、乡贤祠、忠义祠、节孝祠等，属于"当地品牌"：兼顾了普遍与特殊，反映了浓厚的地方文化特色。

其三，就"当地品牌"来看，以"先贤祠"的祭祀对象为例，明、清两朝历经多次调整。万历《霍丘县志》第七册《人物下》按时间顺序列举的九位乡贤中，两位（孙晖、牛富）有军功，两位（张旺舅、徐汝楫）以孝行受旌表，其余五位（吴斌、曹霖、曹璁、田秀、黄堂）皆有政声，其中曹霖、曹璁为父子，曹霖以子璁赠户部署郎中事主事，属于"赃封"，这为日后林氏父子一并入祀提供了"参照"。乾隆《霍邱县志》将乡贤拓展为十一位，新增了进士林冲霄及其父林肖生，后者也属赃封。同治《霍邱县志》再调整为十二位，实际并未新增人物，而是将前两部方志中误入"名宦"的明代光禄寺少卿、御史曾翀改入"乡贤"。关于曾翀的具体介绍，可参见本书《明代"忠节"御史曾翀》一文。应该说，这次调整是准确的。

其四，就祭祀时间而言，大多集中于春秋二仲月上戊日或上丁日。明清之际，同一建筑在祭祀时间上曾做过调整，比如祭丛公祠，明代择于"春、秋上丁日"，而清代择于"春秋二仲月上戊日"；又如祭关帝庙，明代择于"春、秋上戊日祀"，清代则较为复杂，择于"春秋二仲月丁后及五月十三日祭"，时间完全不同。

其五，从表1可以看出，明代霍邱无论官方还是民间，其信仰的核心集中在农耕文化范畴；所祭祀的对象，集中在与百姓生活息息相关的自然神祇。其后特别是经历崇祯八年（1635）、咸丰七年（1857）两次兵燹，富含地方人文特色的祭祀活动逐渐受到重视，比如忠义祠的祭祀活动等。

其六，从编撰角度看，诸本《霍邱县志》在记述祭祀活动时大多表现出重名目、轻形式的特点，关于祭祀过程性的描述，包括祭品陈设、祭器、神位摆放、乐舞、乐器陈设以及祭祀步骤等鲜有涉及（除文庙外），这给我们更详细地了解家乡风俗造成不便。不过参读其他地区县志便能做出比较，也可互为借鉴。

接下来，谈谈这些建筑在官方祭祀时所受到的重视程度。

由于涉及近三十座建筑的重要性排序，这个问题颇有些复杂，但通过逆向思考，特别是根据乾隆、道光、同治《霍邱县志》中《食货》篇所记载的官方每年对祭祀活动所拨付的额银记录，便不难解决。

先看乾隆《霍邱县志》。

表4　乾隆《霍邱县志》载乾隆八年（1743）祭祀额银情况

种类	建筑名称或祭祀对象	次数（年）	额银总数	单次耗资
香烛额银	文庙	二祭	二两四钱	一两二钱
祭祀活动额银	文庙	二祭	四十八两	二十四两
	关帝庙	三祭	四十七两八钱三分二厘九毫五丝八忽三微	约十六两
	社稷庙、风云雷电山川城隍坛、刘猛将军庙、名宦祠、乡贤祠、忠义祠、节孝祠	二祭	二十一两	一两五钱
	邑厉坛	三祭	四两五钱	一两五钱
	常雩礼、火神庙、八蜡庙（后停）、狱神祠、土地祠、旗纛、霜降	旗纛、霜降一祭，其余两祭	十二两二钱	约一两

由上表可知，就乾隆八年（1743）这一特殊时间段而言，霍邱坛、庙、祠官方祭祀的拨款分作"香烛额银"和"祭祀活动额银"两类，其中香烛额银为文庙所独有。就"祭祀活动额银"而言，具体又分五大类十七种：前两类，即通称的"文武二圣"，地位最高，祭祀开销最多，其中文庙祭祀额银高居榜首；第三、四类祭祀活动虽然单次额银相同，但在形式上却有差异，第三类七种活动每年仅举行春秋两祭，邑厉坛为祭无祀鬼神的场所，每年于清明日、

七月望、十月朔举行三次祭祀，单独拨款；第五类七种活动平均额银最低，有两种每年仅一祭（旗纛、霜降）。以上这些祭祀钱款按规定都为"地丁内拨给"，即由当地税赋中产生。

表5　道光、同治《霍邱县志》所载祭祀额银情况

种类	建筑名称或祭祀对象	次数（年）	祭银总数	单次耗资
香烛额银	文庙	二祭	二两四钱	一两二钱
祭祀活动额银	文庙、社稷、风云雷雨山川城隍、名宦祠、乡贤祠、忠义祠、节孝祠、八蜡庙	二祭	六十七两六钱	未详
	文昌	二祭	三十两	十五两
	刘猛将军	二祭	三两	一两五钱
	厉坛	三祭	四两五钱	一两五钱
	火神	一祭	一两六钱	一两六钱
	狱神	一祭	一两六钱	一两六钱
	土地	一祭	一两六钱	一两六钱
	常雩礼	一祭	一两六钱	一两六钱
	霜降	一祭	一两六钱	一两六钱
	旗纛	一祭	一两六钱	一两六钱
	关帝庙	三祭	四十七两八钱三分二厘	约十六两

相较于乾隆《霍邱县志》，表5内容有几个"不变"与"变"：

其一，文庙的香烛额银不变，都是二两四钱。

其二，文庙的祭祀活动由于和其他七项活动合并额定，因此看不出单次开销，但总体相差无几。

其三，关帝庙的祭祀方法、额银基本不变。

其四，刘猛将军庙的祭祀从表4七种祭祀中独立出来，额银单列，数量不变，八蜡庙取而代之。"八蜡"为民间祭祀的除虫捍灾的神祇，"刘猛将军"为治理农田虫害，特别是抵御蝗虫的神祇。据同治《霍邱县志》卷十六《杂志》载，乾隆九年（1744）、乾隆三十三年（1768）、乾隆五十一年（1786）、咸丰六年（1856）、咸丰七年（1857）、咸丰九年（1859）、咸丰十年（1860）、

同治元年（1862），霍邱城均有蝗灾，因此将刘猛将军祭祀额银单列，有其重要的现实意义。

其五，火神、狱神、土地、常雩礼改为每岁一祭，额银相对提升。

此外，前文已说明，康熙《霍丘县志》的《祭祀》篇缺失，但其《食货》篇中却保留了祭祀额银的相关信息，便于我们比较清代四个时期的额银拨付情况，其载曰：

文庙香烛额银二两六钱六分。春秋祭祀丁坛额银六十六两。

结合乾隆、道光、同治《霍邱县志》，可见清代文庙香烛额银只略微发生了变化。材料所谓的"丁坛"，参照万历、乾隆《霍邱县志》中"春、秋上丁日祀"的神祇，近乎表5中第二横栏所列举的八种祭祀活动，其额银分别为六十六两（康熙）、六十九两（乾隆）和六十七两六钱（道光、同治），大体保持稳定。

最后，略谈谈祭祀方法。

诸本《霍邱县志》除文庙外，没有明确记载祭祀方法，我们不妨参照雍正《黔阳县志》，举祭祀风云雷雨山川城隍神之例 [①]，以示说明。

雍正《黔阳县志》
所示风云雷雨山川
城隍神祭祀方法

---

① ［清］张扶翼编纂；［清］于栋如增刊；［清］王光电增辑；洪江市史志办公室校注：《雍正版黔阳县志》（校注本），线装书局，2017年，第333页。下同，不再一一注明。

完整的祭祀过程包括迎神、致祭、送神三个过程，先看迎神前的祭祀准备：

> 祭之日，迎神主至坛，铺设祭桌、桌帷。

在迎神之前，主事者铺设祭桌，并将祭品有序摆放。这些复杂的祭品究竟如何摆放？该书有一段说明：

> 山川坛神位三：风云雷雨之神居中，境内山川之神居左，本县城隍之神居右。
>
> 祭品：羊一、豕一、帛一（白色）、铏一、笾四（形盐、槁鱼、枣、栗）、豆四（韭菹、菁菹、鹿醢、醓醢）、簋二（黍、稷）、簠二（稻、粱）。

摆放好神位和各类祭品后，随着鼓乐声起，迎神至祭坛，而后由主祭者祭酒、颂祭文、跪拜，再起鼓乐，宣告祭祀活动完成。

乾隆《霍邱县志》卷五《祭祀》中保留了很多祭文，其中，风云雷雨山川城隍神祭文为：

> 祝云："惟神，妙用神机，生育万物，奠我民居，足我民食。惟兹仲春（秋），礼宜报祀，谨以牲帛，醴齐粢盛。庶品用伸，常祭尚享。"

这里所说的"牲""帛""醴""粢"与雍正《黔阳县志》所载的祭品大致吻合。在完成全部祭祀环节后，主祭者还要率领大家恭送神主。雍正《黔阳县志》载：

> 祭毕，仍藏于城中新兴庵内。坛之前后种五加皮、谷树、枫树、冬

青树，取五谷丰登之意。

可见，黔阳县的风云雷雨山川城隍神主平日居于"城中新兴庵内"，此地环境清幽，造景细腻，坛前坛后种植的四种树木取"五谷丰登"谐音，折射出当地深厚的文化底蕴，由是亦可想见霍邱城当年各类祭祀的大致情况。

"霍邱八景"及其明清题咏

霍邱东临洴水，北负长淮，城外两湖相拥，西南群山环抱。独特的地理和气候条件，孕育出旖旎又壮阔的古城风光，早在明代万历《霍丘县志》第二册的《形胜》中，就有关于"县八景"的记载。

根据县志，这八景分别为：淮水拖蓝、芙蓉蘸翠、大山雨信、灵池瑞霭、蓼浦渔舟、钓台烟树、澧河野渡①、新洲麦市②。明清两代文人据此创作了大量诗歌，遂使之成家喻户晓的经典。近代以来，随着古城墙的拆毁、县城治域的扩大以及基础设施建设的日新月异，"霍邱八景"逐渐淡出人们的视野，其中涉及的历史遗迹也多湮灭不存。

如今，再讨论"霍邱八景"的话题，有些可以从其名称做直观地想象，更多的则需要通过史料或是文学作品展开合理推断。在逐一介绍八景及其题咏之前，不妨先花些笔墨，谈三个"外围"话题。

首先，霍邱城内外景致颇多，为何仅选八景作为代表？

从历史的角度来看，"八景"之说最初应与道教有关。南北朝文学家庾信在《道士步虚词》其六云："三元随建节，八景逐回舆。"《庾子山集注》云："《真灵位业图》有玉清三元宫，有八景城。《真诰》曰：'仙道有八景之舆，以游行上清。'"③ 又云："《西王母传》曰：'紫虚元君魏华存清斋于阳洛隐元之台，王母与金阙圣君降于台中，乘八景舆，同谒清虚上宫'"④ 可知彼时"八

---

① 万历《霍丘县志》作"澧河"，乾隆、同治《霍邱县志》作"澧河"，有关其辩证详见本书《"澧河"还是"澧河"？》，本文在介绍时皆用"澧河"。
② 万历《霍丘县志》第二册《舆地》作"新舟麦市"，同书第九册《艺文》又有邑人戴于飞所作的《新洲麦市》。按：新洲为地名，"舟"当为"洲"字之误。
③ ［北周］庾信撰；［清］倪璠注；许逸民校点：《庾子山集注》，中华书局，1980年，第393页。
④ 同上书，第402页。

景"既表"八景城"，又表车舆。其后，唐代诗人孟郊《列仙文·金母飞空歌》中的"驾我八景舆，欻然入玉清"，刘禹锡《三乡驿楼伏睹玄宗望女几山诗小臣斐然有感》中的"仙心从此在瑶池，三清八景相追随"，用的就是这个典故。

"八景"固定用于凝练并指代某地风光，一般来说，学界认为起源于宋代。沈括《梦溪笔谈》卷十七载：

> 度支员外郎宋迪工画，尤善为平远山水。其得意者有平沙雁落、远浦帆归、山市晴岚、江天暮雪、洞庭秋月、潇湘夜雨、烟寺晚钟、渔村落照，谓之"八景"。①

文中的"潇湘八景"，出自北宋画家宋迪所作的八幅地方风景画，这是目前可见最早的地方八景。其后，用"八景"涵括地方风物逐渐约定俗成，譬如"赣州八景""燕京八景""青岛八景""澳门八景"等。"霍邱八景"正是在这样的历史背景下产生的，汇聚了古城霍邱自然和人文风光的精华。

其次，"霍邱八景"之说产生于何时？最早的霍邱八景诗又作于何时？

由于文献不足，这两个问题目前很难得出准确结论，不过，对于后一个问题，可以通过相关记载推断其产生的年代上限。

就现有资料看，最早记载"霍邱八景"的是万历《霍丘县志》，其第二册《舆地》对八景的名称做了介绍，第九册《文苑》中记载了明人创作的八景诗歌。

遗憾的是，目前存世的这部明代县志在记载八景诗时缺页，仅收了六景诗（缺《淮水拖蓝》《芙蓉蘸翠》）。每首诗题下标注了作者的姓名、职官等信息，这为我们深入了解"霍邱八景"提供了指引。为了方便讨论，现结合万历《霍丘县志》对诗作者的生平介绍，制表于下：

---

① ［宋］沈括著：《梦溪笔谈》，中华书局，2012年，第185页。

表1　万历《霍丘县志》所载八景诗及其作者情况

八景排序①	诗　题	作　者	职　官	品　秩	中乡举时间	中进士时间
第四	灵池瑞霭	黄　堂	知州	从五品	弘治辛酉（1501）	无
第三	大山雨信	田　秀	太仆寺寺丞	从六品上	正德丁卯（1507）	正德丁丑（1517）
第六	钓台烟树	胡明善	监察御史	正七品	正德巳卯（1519）	正德辛巳（1521）
第七	澧河野渡	曾　翀	河南道御史	正七品	嘉靖乙酉（1525）	嘉靖己丑（1529）
第五	蓼浦渔舟	时　旸	绵竹知县	正七品	无	无
第八	新洲麦市	戴于飞	南阳知县	正七品	嘉靖丁酉（1537）	无

表1大致反映出以下几个问题：

其一，六位诗作者皆为霍邱人，每人为八景作诗一首，由于官职不同、为官时间各异，同一时间在同一场合共同创作的可能性不大，即便是寄题抑或遥和，那么诗题（即风景名）由谁分配？按什么标准分配？从表中情况看，比较合理的解释是按品秩高低，即官职大小。②但问题是，截至该县志编撰之时，即万历二十四年（1596），明朝霍丘七品以上的文官是否仅有这六位？

从万历《霍丘县志》第六册《人物上》之《乡举》可知，自明初至六景诗最后一位作者戴于飞止，霍邱通过乡试者共十八人，包括表1中的黄堂、田秀、胡明善、曾翀和戴于飞五人，这十八人的乡试情况如下：

---

① 万历《霍丘县志》第九册《文苑》中的八景诗，其诗题排序与该书第二册《舆地》中的"县八景"不一致，故列此项以示对应。表中首列为"县八景"顺序，第二列为《文苑》中八景诗顺序。

② 万历《霍丘县志》第九册《文苑》中的八景诗，其诗题顺序以作者品秩排列，并非"县八景"顺序，后代县志在《文苑》或《艺文》中介绍八景诗时，皆依万历《霍丘县志》的《文苑》排序方式。

表2 明朝霍邱乡试情况（部分）

顺序	姓名	中乡举时间	出仕情况
1	邓彦质	洪武癸酉（1393）	无
2	陈贯	洪武丙子（1396）	知县
3	胡潜	洪武己卯（1399）	知县
4	姜理	永乐乙酉（1405）	知县
5	舒宽	永乐戊子（1408）	无
6	赵继先	景泰丙子（1456）	通政司经历
7	余宥	景泰丙子（1456）	知县
8	陈漠	景泰丙子（1456）	知县
9	杜昂	成化癸卯（1483）	知县
10	田瑞	成化癸卯（1483）	曹州判官
11	黄堂	弘治辛酉（1501）	知州
12	曹璁	正德丁卯（1507）	郎中
13	田秀	正德丁卯（1507）	太仆寺寺丞
14	王卿	正德庚午（1510）	知县
15	胡明善	正德己卯（1519）	监察御史
16	张一凤	嘉靖壬午（1522）	通判
17	曾翀	嘉靖乙酉（1525）	河南道御史
18	戴于飞	嘉靖丁酉（1537）	知县

结合表2，若从八景诗作者中最早通过乡试的黄堂算起，到戴于飞共有八人中举，但其中仅有五人"入选"题诗，那么三位"落选者"是否品秩不够资格？以张一凤为例，据万历《霍丘县志》第六册《乡举》，他曾任"通判"一职。《明史》卷七十五《职官四》云："府：知府一人，正四品；同知，正五品；通判无定员，正六品。"[1]作为正六品官员，张一凤的品秩应在黄堂一人之下，其余五人之上，没理由不入选。此外，王卿曾担任获嘉知县，时间较戴于飞略早，也被排除在外。由是可知，即便是根据品秩高低分题赋诗，万

───────────

① ［清］张廷玉等撰：《明史》，中华书局，1974年，第1849页。

历《霍丘县志》的编撰者在辑录时也有自己的考量。相反，《蓼浦渔舟》的作者时旸并没有中举的记载，万历《霍丘县志》第六册《岁荐》言其曾担任绵竹知县，嘉庆《绵竹县志》卷二十五《职官》载其为"霍邱监生"①，可见他的入选是破格的，这或许出于他的名气，特别是对作诗的痴迷，万历《霍丘县志》第六册《岁荐》云"（时旸）尚气节，知绵竹县，寻致政家居，韵歌自娱，年九十余，一睡经旬不食，一起浩歌不寝，老而脱洒，士论贤之"，可见其的确是位耽诗的长者。

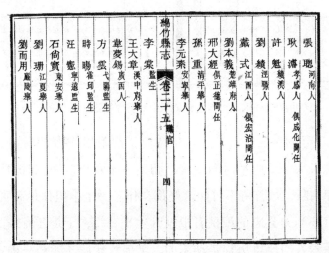

嘉庆《绵竹县志》对霍邱籍知县时旸的记载，并在后一页标注："俱嘉靖间任。"

其二，六景诗恐非作于同一时期。以《澧河野渡》的作者曾翀为例，张廷玉《明史》卷二百零九《薛宗铠传》言其卒于"（嘉靖）十四年（1535）九月朔"②，彼时《新洲麦市》的作者戴于飞尚未参加嘉靖丁酉年（1537）乡试。古代通过乡试后方称"举人"，原则上中举后才能获得选官资格，虽然上文提到的时旸以监生身份即能出任绵竹知县，但县志既然有戴于飞的中举记载，那么他以万历《霍丘县志》第六册《乡举》所标注的"知县"身份为家乡八景题诗，至少应在其中举（1537）之后，此时曾翀已卒，二人不可能同时题诗。只此一端，便可推及其余。

---

① ［清］沈璟等纂修：《（嘉庆）绵竹县志》，嘉庆十八年刊本。
② ［清］张廷玉等撰：《明史》，中华书局，1974年，第5523页。

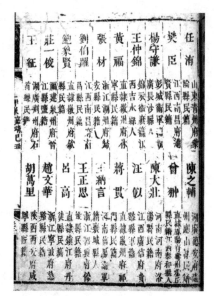

《明嘉靖八年进士题名碑录》中对霍邱籍进士曾翀的记载

其三，万历《霍丘县志》收六景诗时，都附以作者的最高官职。这六人年龄悬殊较大，仅中举时间就首尾相差三十六年，为官时间更是参差错落。按常理判断，每首诗不可能恰好都在作者一生中担任最高官职时所作，因此所示官职当为县志的编撰者根据其生平补缀，于是才有按品秩分题的做法。然而六人的仕宦历程是动态的，全部致仕后才能最终确定其所担任的最高官职，但这样缺乏现实操作性，表现在最后一人戴于飞致仕后，前几人早已去世，无法再为八景中的某一景题诗，因此也可排除同时创作的可能。

其四，万历《霍丘县志》修成时（1596），上列六人几乎尽卒。其《序》云："霍志创自景泰，历万历戊寅才一撰之，迄今又越拾数年。"可见在这部志书之前，明朝还有两部县志。根据万历《霍丘县志》卷九《艺文》所载《霍丘县景泰志序》和《霍丘县万历志序》，可知这两部散佚的县志分别修撰于"甲戌岁"（1454）和"万历戊寅"（1578）。结合表1中作者的生平看，六景诗不会出现在明景泰《霍丘县志》中，而有可能为万历戊寅《霍丘县志》所收，即便如此，彼时诗作者也几乎全部谢世，因此，对于万历年间两部《霍丘县志》的任何一种来说，六景诗最多只是修撰者的辑录，而非诗作者专为县志修撰创作的分题组诗。

其五,六首作品都使用七律体裁、平声韵,在体例上展现出较强的整体感,若是六人雅集唱和不难实现,但在年龄不一、职官不一,甚至是生死不一的前提下,不容易做到。

根据这五条,已经可以得出初步的判断,为了把问题说得更清楚,不妨再看看乾隆《霍邱县志》的相关记载。

如前所述,明万历《霍丘县志》仅可见六景诗,现存清康熙《霍丘县志》卷九《艺文》缺页较多,涉及八景的明人诗作仅有四首,但到了乾隆《霍邱县志》,情况就大不一样了,最大的"意外"就是它竟补齐了明人的八景诗,使我们有机会一睹全貌。

表3　乾隆《霍邱县志》增补八景诗前两首作者情况

八景排序	诗 名	作者	职官	品秩	中乡举时间	中进士时间
第一	淮水拖蓝	曹璁	郎中	正五品	正德丁卯（1507）	正德甲戌（1514）
第二	芙蓉蘸翠	朱诠	知州	从五品	无	无

有关《霍邱县志》的修纂史,本书已在《明清〈霍邱县志序〉集说》一文中做了较详细的说明。简言之,这部乾隆《霍邱县志》以康熙《霍丘县志》为底本,先后辗转多人之手接续完成。主持编撰的知县张海在谈到康熙时期的这部志书时说:"病其版模而字脱,蔑以为足征之文献,因其旧而鼎新之,亦官斯土者之责也。"可见就当时的情况而言,康熙《霍丘县志》的保存情况已不大理想。此外,实际参与修撰的教谕薛观光在序言中谈到对康熙《霍丘县志》的"评判性继承"问题时说:"旧志所载,中间讹脱颇多,为之虚心体会辨析,无疑者方敢改正原文,否则或仍或阙,姑俟博雅。"可见,虽然怀揣"怵惕恻隐"之心,但仍就"旧志"的"讹脱"部分进行过修补,甚至是"改正原文"。

从乾隆《霍邱县志》增补的两首诗作来看,"淮水拖蓝"位居八景之首,按照先前的排序方法,作者的品秩应该高于众人,乾隆《霍邱县志》言其为

"邑人曹璁"所作。据万历《霍丘县志》第六册《甲科》载，曹璁曾中进士，担任过户部郎中，"素性孝友，饷军有功，武宗奖以金帛羊酒者六"，从祀霍邱乡贤祠；又据《明史》卷七十二《职官一》载"洪武元年始置吏、户、礼、兵、刑、工六部，设尚书、侍郎、郎中、员外郎、主事。尚书正三品，侍郎正四品，郎中正五品"①，可知曹璁为正五品官员，显高于其余七位，因此由其作《淮水拖蓝》诗并居八景诗之首，是恰当的。

较为复杂的问题来自《芙蓉蘸翠》的作者朱诠，此人既没出现在万历《霍丘县志》第六册的《甲科》中，也就是说没考中过进士，也没出现在同卷的《乡举》中，即没考中过举人，为何能跃居六人之上，题咏排名第二的景点？

原来，万历《霍丘县志》将朱诠归在了第六册《例贡》中，且位居第一。书中介绍云："知宝丰县，守己爱民，时有洞寇扰境，铨（按：原字误，应为'诠'）督讨俘获其首，斩之。调渠县，教民务本，立生祠。藩臬旌保，升知钧州，不避权势，调知陈州，有去思碑。"可见朱诠有着两处知县又两处知州的丰富为官经历。所谓"例贡"，即由生员"援例捐纳"取得的贡生资格，从其曾为官地的方志资料看，清嘉庆二年（1797）《宝丰县志》卷四《职官表》②、道光十七年（1837）《宝丰县志》卷十一《名宦志》俱言其"直隶霍邱监生"③、康熙二十九年（1690）《续修陈州志》卷二亦言其"直隶寿州人，监生"④，可见他在取得贡生资格后，又往国子监深造，并以监生身份赴任宝丰。朱诠知宝丰县的时间，嘉庆《宝丰县志》云"成化十一年"⑤，道光《宝丰县志》云"成化乙未复设县，铨（按：应为'诠'）来知县事"⑥，这是个关键信息，成化乙未即成化十一年（1475），结合表2可知，万历《霍丘县志》六景诗的首位作者、乾隆《霍邱县志》八景诗的第三位作者黄堂在弘治辛酉年（1501）才通过

① ［清］张廷玉等撰：《明史》，中华书局，1974年，第1738页。
② ［清］陆蓉修；［清］武亿纂：《（嘉庆）宝丰县志》，清嘉庆二年刻本。
③ 宝丰县史志编纂委员会整理：《（道光十七年）宝丰县志》，中州古籍出版社，1989年，第273页。
④ ［清］王清彦、张喆修；［清］莫尔灌纂：《（康熙）续修陈州志》，清康熙三十四年刻本。
⑤ 同②。
⑥ 同③。

乡试，而在二十六年前，朱诠已任宝丰知县，因此他的年纪在八人之中应属最长。陈州知州乃从五品官，虽然出身并非"正途"，但和黄堂相比，朱诠的品秩相同（皆为知州）且更年长，因此跃居八景诗第二也就合情合理了。

乾隆《霍邱县志》补足的这两首诗作，虽属孤证，但在逻辑上完全符合万历《霍丘县志》中六景诗的题咏规则。

综上，我们大致可以得出四个结论：

其一，八景诗并非八位乡贤所作，而是后人代笔。前文已指出，戴于飞尚未中举而曾翀已卒，两人不可能同时分题作诗，如果再将乾隆《霍邱县志》的情况考虑进去，那么朱诠担任宝丰知县时（1475），其余七人都还未参加乡试，不可能由其率先创作八景诗中的某一首，更不可能"预知"自己的品秩和后人甚至未出生者相比，会"屈居"第二。

其二，代笔时间当在明代，否则万历《霍丘县志》完全可以以唐人、宋人的题咏来表达"县八景"，不必专用明人诗作。通过表2可以发现：在明初至黄堂之前，有十人曾中乡试，但都没有进入辑录者或代笔者的视野，因此可以推断，这十人对代笔者来说，都不算"今人"或"近人"；进一步说，代笔八景诗，至少要等八位作者完成全部仕宦经历，才能附会其手笔，系之以最高官职并按品秩高低的规则分配诗题。八景诗最末篇《新洲麦市》题下注明作者戴于飞的最高官职为"知县"，考其生平，并无中进士的记载，因此其当在乡试中举后就出任了"南阳县知县"一职。由此可以判断，明代"霍邱八景"诗的代笔创作，不会早于嘉靖丁酉年（1537），也就是戴于飞中举之年，有可能在万历六年（1578）或万历二十四年（1596），也就是万历年间的这两部《霍丘县志》修纂之时，总之应在1537年至1596年间。

其三，之所以在众多乡贤中择此八人加以代笔，主要是看重其典型意义。比如田秀、胡明善、曾翀三人皆为进士，这是一条很重要的入选标准。在万历《霍丘县志》第六册《人物上》的"甲科"中，共记录了明代至该志修成之时霍邱的五位进士（该卷另附三人不计在内），分别是邓彦质、曹璁、胡明善、曾翀和李朝寅，其中邓彦质中进士是在洪武甲戌年（1394），前文已经说到，这个时间过早，未进入辑录者或代笔者的视野，李朝寅中进士是在万历己丑年（1589），虽符合规则，但他恰好是万历二十四年（1596）《霍丘县志》的修纂者（担任"订正"）之一，且为这部县志作序，因此亦未跻身诗作者行列。又如从仕宦情况来看，曾翀做过御史，直言敢谏，性情刚烈，《明史》有传（详见本书《明代"忠节"御史曾翀》），黄堂"气节刚直，动履不苟"（据万历《霍丘县志》第六册《乡举》）。另外，八人之中，有四人（曾翀、曹骢、田秀、黄堂）入祀霍邱乡贤祠（据万历《霍丘县志》第七册《乡贤》），他们功名卓著，享誉士林，代其立言能体现较强的说服力，同时，将对乡贤功名的彰宣与地方八景的描摹巧妙结合，能够丰富县志《文苑》的内容，提升其文化"成色"。

其四，万历《霍丘县志》收录了胡明善《名宦乡贤祠记》和田秀《义葬园碑记》两篇文章，说明两位乡贤的确接受过家乡士绅的邀请，为乡贤祠、义葬园题碑，但不能据此就肯定地认为两人实际参与了八景诗的创作。《名宦乡贤祠记》作于嘉靖庚寅（1530）秋七月，彼时胡明善担任监察御史，邑人刘缙请其为乡贤祠书丹，两年后胡氏便倒台，谈迁《国榷》卷五十五载："嘉靖十一年（1532）十月，直隶提学、监察御史胡明善以禁塘石立碑，内臣昝文鉴讦之，下狱，削籍。"[1] 即便胡明善曾受邀请，创作了八景诗中的一首，时间也应在其下狱之前，此时戴于飞尚未参加乡试，作为普通生员，戴氏自然不会受到合作组诗的邀请。

需要说明的是，霍邱八景诗虽是后人代笔的伪作，但情真意切，"伪"而不"劣"，此外，也不排除其中某首或全部为八人之一所作的可能。

明清《霍邱县志》所载"霍邱八景"的题咏，数量有多少？有何特点？

表 4 明清《霍邱县志》所载八景诗数量统计

诗　名	万历	康熙	乾隆	道光	同治
淮水拖蓝	0	0	4	4	3
芙蓉蘸翠	0	0	5	6	4
大山雨信	1	2	5	6	6

---

① ［明］谈迁著；张宗祥校点：《国榷》，中华书局，1958 年，第 3472 页。

（续表）

诗　名	万历	康熙	乾隆	道光	同治
灵池瑞霭	1	1	5	5	3
蓼浦渔舟	1	2	6	6	5
钓台烟树	1	2	5	6	5
澧河野渡	1	2	5	7	5
新洲麦市	1	0	5	5	4
小　计	6	9	40	45	35

这两个问题不难回答。通过表4，再结合具体作品，大致可见五种《霍邱县志》记载的八景诗情况：

其一，万历《霍丘县志》原应有八景诗各一首，惜因缺页仅存六首。

其二，康熙《霍丘县志》缺页较多，虽为九首，实际只存了五景诗。之所以有九首，实际是在明人基础上，新增了清人沈德舆唱和诗各一首。[①]沈德舆者，康熙二年教谕也。康熙《霍丘县志》卷九《艺文》有其《杨侯舆颂录序》。

其三，乾隆《霍邱县志》存八景诗数量剧增，体现出彼时官吏士绅唱和古人、新作迭出的总体风气。新增的诗歌未必都是乾隆时期所作，只是辑录了自康熙《霍丘县志》至乾隆《霍邱县志》修成这八十四年间的作品，其特点有三：一是补足前作，包括补明人、补清人，前者如对明代六景诗进行增补，后者如对清人沈德舆的八景和诗亦由四首增补至八首，由于两书修纂时间接近，增补的这四首应该是可信的；二是新增了知县张海、训导李世芳、训导丁国佩等人的诗作，特别是丁诗，摆脱七律窠臼，全用五绝，开拓了八景诗的体裁；三是新增了陈天晓、陈光世、汪家嗣三家诗各两首，每诗各表一景，采用限韵的方式，其首联末字须用规定的韵脚，说明彼时"霍邱八景"已得到士绅阶层的普遍认可，成为其雅集吟咏的重要话题。

---

① 现存康熙《霍丘县志》有黄堂《大山雨信》、胡明善《钓台烟树》、曾翀《澧河野渡》、时旸《蓼浦渔舟》各一首，以上四诗沈德舆各有和诗一首，共八首；另有沈德舆诗一首，位置在《大山雨信》前，诗题与其余和诗相同，均作《又》，从内容上看，应为和《灵池瑞霭》诗。

其四，道光《霍邱县志》收录八景诗最多，实际是在乾隆《霍邱县志》的基础上略有增加，新增了张嵩龄、龚心遂、汪移孝等人的作品。

其五，相比之下，同治《霍邱县志》的八景诗问题最多，表现在大量修改前人的作品，包括改明作和改清作。先看前者，试举一例：

大山雨信

（载万历、康熙《霍丘县志》）

邑人　知州黄堂

岩岩不与众山同，一望岚光造化通。

云气但来遮顶上，雨膏随见满寰中。

四时不爽须史约，万物皆资润泽功。

谩倚栏杆频不去，只凭消息庆年丰。

大山雨信

（载同治《霍邱县志》）

黄　堂

岩岩不与众山同，消息能传造化工。

但见墨云遮顶上，定占膏雨遍寰中。

登高蜡屐游当阻，入浦渔舟棹可通。

我亦倚栏同伫望，为霖三日祝年丰。

两诗大体相似，但文字出入较多，或许同治《霍邱县志》找到了有别于前代的善本，但可能性不大。对于古诗记载来说，偶有个别字词出入亦属正常，但整篇大面积改动，就是有意而为了。除《大山雨信》外，同治《霍邱县志》辑录明诗的另五首也存在同样问题，可谓"面目一新"，显然是清人的"新作"。

那么又是如何对待清人的诗作？试举两例：

泊天空碧淡无疆，点点渔舟破淼茫。

　　　　　　——李世芳《蓼浦渔舟》，载乾隆《霍邱县志》

拍天空碧澹无疆，点点渔舟破淼茫。

　　　　　　——李世芳《蓼浦渔舟》，载同治《霍邱县志》

何自得清光，一片斜阳照。

　　　　　　——丁国佩《淮水拖蓝》，载乾隆《霍邱县志》

何自得清先，一片斜阳照。

　　　　　　——丁国佩《淮水拖蓝》，载同治《霍邱县志》

　　两相对照不难发现，"拍"字当为"泊"字之误，"先"字当为"光"字之误，类似的错误不在少数，究其缘由，这部县志修纂之时面临时间紧（限期三个月）、筹款难的不利局面，于是主事者决定采用"聚珍版"，即活字本印刷，这在知县陆鼎敦所作的县志序文中有详细记载。采用"聚珍版"节约了制版时间，降低了印刷费用，但仓促用事，难免讹字泛滥，因此仅就"霍邱八景"诗的辑校水平而论，同治《霍邱县志》远逊前朝诸志。

　　前文对"霍邱八景"的产生及其明清题咏的辑录情况做了介绍，好比一幅古画，先观赏了它卷后的题跋部分，接下来，我们结合具体作品，择其精要，略加剖析，渐次展开这幅旖旎多姿的古城风光画卷。

　　第一景：淮水拖蓝。

　　"淮水"即淮河，发源于今河南省南阳市桐柏县桐柏山主峰太白顶西北侧的河谷，历史上是一条独流入海的河流，与长江、黄河、济水并称"四渎"，唐代称其为"东渎"。在商代甲骨文和西周钟鼎文里已有"淮"字出现，可见其文化之悠远。淮河流经霍邱城西北，其水波潆回，纡折而东，蔚为壮观。"拖蓝"即水天一色，远望之如拖曳的蓝色彩带。或许因为淮河在古代水系中有着特殊地位，"淮河拖蓝"位居"霍邱八景"之首。

　　从作品来看，由于今本万历、康熙《霍丘县志》中未见该诗，因此暂由乾隆、道光和同治《霍邱县志》中挑选（下篇《芙蓉蘸翠》亦同），其中以明代曹璁（为赏析方便，本文径称其"作者"，不再考虑"伪作"的情况）和清代知县张海的两首为佳，兹录于下：

> 桐柏分流引派长，鱼鳞浪叠蔚苍苍。
>
> 铺真似练揉难断，滑到如油涴亦香。
>
> 远岸每连春草色，新晴时映碧天光。
>
> 迢迢流出涂山硖，千里烟波接渺茫。

> 嵯峨桐柏阴长淮，苍翠晴分匹练开。
>
> 清合颍川从北入，碧成天堑自西来。
>
> 千秋不改朝宗色，万里常思利济才。
>
> 我本激扬存素志，临流时复一登台。

两诗皆以"桐柏分流""嵯峨桐柏"起兴，说明至少在明代，士大夫阶层就已对淮河的发源有了准确认识。其后以"似练""匹练"紧扣"拖蓝"，特别是前诗，用"铺真似练""滑到如油"两个接近日常生活的比喻，将淮河的状貌描摹得亲切可感。相比之下，后一首意境更显开阔，不仅交代了淮河的源流、状貌、走向，还紧承"匹练"，激扬"素志"，特别是"千秋不改朝宗色"一句，颇为精妙：一方面，《尚书·禹贡》说"江、汉朝宗于海"①，作者结合"拖蓝"的色泽和淮河奔流到海的本体进行发挥，言其"千秋不改"；另一方面，"朝宗"兼有古代诸侯春、夏朝见天子之意，《周礼·大宗伯》云"春见曰朝，夏见曰宗，秋见曰觐，冬见曰遇"②，这就将"不改"的用喻由淮河的色泽、走向转至臣子的赤胆忠心，由此自然转入"万里常思利济才"的对仗，并点明这就是作者临流登高后所抒发的"素志"，取譬自然，说理形象。

第二景：芙蓉蘸翠。

"芙蓉"为山名。万历《霍丘县志》第二册《形胜》云："芙蓉山，连大

---

① 李民、王建撰：《尚书译注》，上海古籍出版社，2012年，第51页。

② 杨天宇撰：《周礼译注》，上海古籍出版社，2012年，第277页。

别山，多芙蓉，因名。"同治《霍邱县志》卷一《舆地志》云：

> 芙蓉山，在县西南八十里。其脉自顾家窑岭东北林家店。大干分枝，大小两峰，其形青翠，山产芙蓉，因名。峰凹，旧有金华寺。西北五里起大别山，一名安阳山。东北行起药山，产半夏、苍术。

上文说芙蓉山因产芙蓉而得名，何谓"芙蓉"？一般来说是指莲花，屈原《离骚》云："制芰荷以为衣兮，集芙蓉以为裳。"王逸注："芙蓉，莲华也。"[①] 山中有瀑有潭，种莲很正常，但谓"产芙蓉"，就未必是莲花了。邑人朱诠《芙蓉蘸翠》诗，以巧妙的用典给出了答案，其诗曰：

> 玉立奇峰朵朵成，芙蓉竞秀得佳名。
> 云开屏幕容如沐，雨过巉岘色似莹。
> 不辨苔痕千古积，但看螺霭半天横。
> 此中记有仙人宅，是否风流石曼卿。

首联谓此山奇峰玉立，若芙蓉朵朵竞秀，因此能"得佳名"，仅凭这一句，并不能判断。颔联纯写自然，用写意手法渲染了云开雨过后芙蓉山的"容"与"色"。颈联以久积的苔痕表现此山的悠久，用如螺的暮霭衬托此山的空灵，从而自然引出下联的仙人居所。尾联是解读全诗的关键：既然奇峰玉立、如沐似莹、苔痕不辨、螺霭纵横，想必是有神仙居此的，神仙者何？莫非是风流才子石曼卿？

　　石曼卿者何人？其名延年，字曼卿，一字安仁，别号葆老子。北宋文学家石介曾作《三豪诗送杜默师雄》，将石延年之诗、欧阳修之文、杜默之歌并称"三豪"。曼卿工书法，好交游，尤与欧阳修善。欧阳修《六一诗话》载："曼卿卒后，其故人有见之者，云恍惚如梦中。言我今为鬼仙也，所主芙蓉

---

① 金开诚、董洪利、高路明著：《屈原集校注》，中华书局，2008年，第51页。

城。欲呼故人往游，不得，愤然骑一素驴，去如飞。"①由是衍生出石曼卿死后化作芙蓉城主的传说，石曼卿亦被称作"芙蓉花神"。

历史上的"芙蓉城"有很多，比较典型的有两座：一是成都，因后蜀末代皇帝孟昶于宫苑城上遍植木芙蓉得名，九月芙蓉绽放，望之如堆锦，其"谓左右曰：自古以蜀为锦城，今日观之，真锦城也"②。二是江阴，苏轼曾作《芙蓉城》诗，其序云"世传王迥字子高，与仙人周瑶英游芙蓉城"，诗中有"芙蓉城中花冥冥，谁其主者石与丁"句，"石"即石曼卿。序中的"王迥"，相传曾遇"芙蓉仙人"，两人诀别之时，"芙蓉授神丹一粒，告曰：无戚戚，后当偕老于澄江之上"，其后王迥娶妻向氏，向氏早亡，王迥鳏居十年，四十岁时再娶"江阴巨室之女"，后来发现，此女即前所遇之"芙蓉仙人"也，当年所说的"澄江"即"江阴之里名也"③，这便是江阴自称"芙蓉城"的由来，如今木芙蓉已成为江阴市花。这两座城市的别名"芙蓉"，都非莲花而是木芙蓉，其又名木莲、拒霜花。

了解了石曼卿的典故，这首《芙蓉蘸翠》结语的妙处便容易欣赏了——每逢九、十月间，霍邱城外芙蓉山遍山的木芙蓉竞相绽放的美景也就跃然纸上。

第三景：大山雨信。

"大山"即今之西大山。万历《霍丘县志》第二册《舆地》中称其为"大别山"，又曰："一名安阳山，县西南九十里，界固始县。""雨信"即降雨之消息。北宋文莹《续湘山野录》中记载了一则有关雨信的轶事：太平兴国五年（980），秘书丞安德裕向髣山神祈雨，但该神"力小地卑，不能兴致云雨"，于是决定前往"雨神"住所打探消息，临行前对安德裕说："某当为公至主者之所，密候雨信，必先期奉报。"④所谓"大山雨信"，是指这座西大山有特殊"神力"，能通过一定的征候预判雨情，利于百姓识别。

---

① ［宋］欧阳修撰：《六一居士诗话》，中华书局，1985年，第7页。

② ［明］李贤等撰：《大明一统志》，三秦出版社，1990年，第1044页。

③ ［宋］王明清撰：《玉照新志》，上海古籍出版社，2012年，第50页。

④ ［宋］文莹撰；黄益元校点：《续湘山野录》，载《湘山野录　续录·玉壶清话》，上海古籍出版社，2012年，第56页。

那么"大山"究竟有怎样的"神力"？老百姓如何运用简单的方法识别雨情？回答这两个问题，需要结合作品来谈。诸本县志可见《大山雨信》诗共六首，兹举两首，前者为明代黄堂所作，文字依万历《霍丘县志》，后者为清代陈天晓所作：

> 岩岩不与众山同，一望岚光造化通。
> 云气但来遮顶上，雨膏随见满寰中。
> 四时不爽须臾约，万物皆资润泽功。
> 谩倚栏杆频不去，只凭消息庆年丰。

> 欲知将雨信，试与望名山。
> 妙夺乾坤契，机通造化关。
> 每于崖色暗，伫听水声潺。
> 感应须臾事，阴晴反复间。
> 飞燕征讵确，础润理同悭。
> 百里沾膏泽，应推望祀班。

两诗描绘了这座名山的三个特点：一是"奇"，可以通过山岚的变化判断雨信，只要有云气遮顶，崖色变暗，须臾间便会落雨；二是"信"，这种判断方法不止于一时一季，而是"四时不爽"，相当灵验；三是"惠"，由于简单易判，屡试不爽，利于农事，福泽一方，故而广受百姓尊崇，入选八景也就理所应当了。

第四景：灵池瑞霭。

灵池即龙池。明柳瑛《中都志》卷四云："龙池，在（霍丘）县西四十里，相传张龙公路斯变龙处。"① 又云："龙池，在（颍上）县西南四十里，淮润乡滨沙河，即张公路斯蜕骨化龙之池，与霍丘接界，故并载之。"② 可见两地皆有关于龙池的记载。此外，同治《霍邱县志》卷一《舆地志》载有"乌

---

①② ［明］柳瑛纂修：《（成化）中都志》，明弘治刻本。

龙井"和"白龙井",前者"在今乌龙庙集上,郑祥远化龙处",后者"在今汪家集东南,淮河南岸有龙池,水涸时,渔人往往于池获龙骨,井去池三里,即张路斯及九子化龙处"。"瑞霭"即龙池上空的祥云。

张龙公本名张路斯,隋末以明经登第,景龙中做过宣城令,罢官后回到安徽颍上老家,其后与蓼人郑祥远争斗,张路斯得胜,"与九子俱复为龙",其"化龙"之所,就是"龙池",详见本书《龙池、钓台及"二龙争斗"的传说》。

明清《灵池瑞霭》诗以乾隆《霍邱县志》所收最多,共五首,今取两首:

> 池因龙化号灵池,常有神光接太微。
> 朝结青葱如雾合,暮凝紫翠似烟飞。
> 怪来嘘气成云去,疑似腾空作雨归。
> 夜半风清天湛碧,一轮明月浸寒漪。

> 万顷淮流篆画图,百年龙藏巧相符。
> 地穿玉洞祥云锁,人拱灵祠瑞气扶。
> 旦显琳宫生自异,郊迎蜕骨冥犹孚。
> 而今不断千溪柳,依旧丝丝绕镜湖。

前篇为明代田秀所作。首联开门见山,点明"灵池"即当年"化龙"之池。"太微"为古代星官名,属"三垣"之一,常指朝廷或皇帝居所。后半句以地上龙池之"神光"对接天上"龙居"之太微,自然而巧妙。颔、颈二联极写灵池上空之"瑞霭":如雾似烟,成云作雨。尾联将思绪与视角拉回现实,突出月色下的灵池妙境:风清天碧,一轮明月漫铺在寒凉的池水之上,清风徐来,月影随涟漪起伏,团圆又破碎……

相比前篇以写景为主,后篇更贴合史实,兴象也更加繁复。此诗为清代沈德舆所作。首联紧扣"灵池":以长淮对蟠龙,以万顷对百年,以空间对时间,时空交错,气象宏大。颔联紧扣"瑞霭":既言祥云,又言瑞气;既言玉洞,又言灵祠,世态人情,尽收眼底。颈联重在书写士绅百姓对灵池祭祀的虔诚。本书在《龙池、钓台及"二龙争斗"的传说》一文中提到：元祐六年（1091）秋十月，颖州大旱，郡守苏轼将张龙公"蜕骨"迎奉至颖州西湖的行祠，率领僚属及百姓祈雨获验。是年十一月，又举行隆重的"送神"仪式，将"蜕骨"送还昭灵侯庙，这就是该联"郊迎蜕骨"用典的本事。尾联回到现实，以柳丝绕湖这一平凡的意象，反衬当年蜕骨化龙的不凡，寓情于景，言有尽而意无穷。

第五景：蓼浦渔舟。

霍邱古属蓼国，蓼本身又是植物的一种，故而"蓼浦"的含义或有两种：一是由"蓼"的地域属性，可理解为县治内的河流，包括东、西二湖等；二是由"蓼"的植物属性，可理解为长满"蓼花"的河岸。

究竟哪种更符合"蓼浦渔舟"的景象？蓼多傍水而生，以红色居多，如第二种说法成立，那么每逢花季，乘一叶扁舟，凌波于湖上，清风徐来，蓼花满目，远远望之，人在画中矣。是否如此，试看两首《蓼浦渔舟》：

蓼花满浦抹秋红，荡漾扁舟出没中。
触破波心千顷月，棹迎滩上一丝风。
鸳鸯逐散分还聚，鸥鸟惊回西复东。
欸乃数声天地晓，孤灯点点照渔蓬。

扁舟如叶寄生涯，红蓼洲头便是家。
双桨拨开鸥影乱，一声歌罢雁绳斜。
垂纶秋长三篙水，晒网人归两岸霞。
港小不愁风浪长，自吹短笛谱梅花。

前诗为明代时旸所作，后诗为清代张嵩龄所作。之所以选这两首，一是都回答了上述问题，两诗在首联开宗明义——如叶之扁舟随波荡漾，周遭满浦的红蓼盛开，隐士般自适的舟子徜徉其间，在桨声云影里寄托生涯；二是对仗严整，意象丰美，韵致悠长。两诗首联紧扣"蓼浦"。颔联紧扣"渔舟"，拘

蓼花

谨但切题，属"实写"。颈、尾两联却全凭想象，作"虚功"：鸳鸯、鸥鸟、欸乃（渔家号子）、孤灯、垂纶、晒网、竹篙、晚霞、渔港、短笛、风浪、梅花（乐府横吹曲《梅花落》），如此之多的意象交叠运用，让读者仿佛置身其间，感受浓浓的淮上渔家气息。

第六景：钓台烟树。

和"龙池"一样，"钓台"也出自有关张龙公的神话传说。苏东坡《昭灵侯庙碑》（一名《张龙公祠记》）云："（张路斯）自宣城罢归，常钓于焦氏台之阴。"[1] 万历《霍丘县志》第二册《形胜》中将看花台、鹤台和焦台并称"三台"《安徽通志》卷五十一云："张龙公钓台，在霍邱县西北三十里。"[2] 所谓"烟树"，即林间雾气，为钓台营造了神秘、葱郁、空灵的气氛。

明清关于《钓台烟树》的题咏较多，下面仅举万历《霍丘县志》中的一首，作者为胡明善：

> 谁把渔竿引碧流，台空树绕几经秋。
>
> 淡含烟雾因青盖，倒浸苍波卧赤虬。
>
> 霭气郁葱林影暗，绿荫浓翠水云浮。
>
> 垂钓人化龙飞去，唯有神光射斗牛。

① 孔凡礼点校：《苏轼文集》，中华书局，1990 年，第 506 页。

② ［清］何治基等撰：《安徽通志》，华文书局，1967 年，第 530 页。

首联开门见山，用直笔，述说钓台的历史沧桑。颔联重渲染，用曲笔，通过"造境"烘托古台水岸的清幽氛围。"古台"因"青盖"而"淡含烟雾"，"树影"因"倒浸"而"赤虬静卧"，这里用"赤虬"，为篇末点题设下伏笔。颈联与颔联近似，仍集中于"林""水"间用力。尾联回应主题，借用张龙公"蜕骨化龙"的典故和王勃《滕王阁序》"龙光射牛斗之墟"中的名句，皴染主题，把张龙公化龙归去后的情境以及由之而来的想象交给读者，达到"飞笔留白"的艺术效果。

第七景：澧河野渡。

澧河是霍邱近郊的一条河流，万历《霍丘县志》第二册《山川》言其位于"县西十里，源自枣木河，北流入淮"，又称"枣木河，在县南八十里"。历史文献中"澧"和"澧"因形近而经常混淆，本书《澧河》还是"澧河"？》一文对两者进行了辩证，此处通称"澧河野渡"。

澧河原有渡口，万历《霍丘县志》第三册《津梁》称其在"县西南十里"。所谓"野渡"，字面上可以理解为荒村旷野间的渡口，用在诗文中，常与村溪、孤舟、渔樵等一起，用于营造幽深清冷的意境，譬如唐代韦应物《滁州西涧》诗："春潮带雨晚来急，野渡无人舟自横。"《澧河野渡》诗共存五首，今取同治《霍邱县志》所载清代汪移孝诗一首赏析：

> 轮蹄络绎夕阳中，唤渡人喧两岸同。
> 瓜艇乱摇双桨水，满帆稳趁一湾风。
> 滩头野店沽村酒，水面官桥卧断虹。
> 回首蓼城西角望，参差雉堞渐朦胧。

该诗与众不同之处在于采用类似"实况直播"的方式，为读者呈现一幅精美又热闹的"日暮澧河行舟图"。首句设置场景：夕阳下的澧河水色苍凉，辛劳一天的摆渡人熄灭旱烟，松开缆绳，缓缓地弯腰捡起双桨——这是当天最后一次摆渡了。两岸车轮辗转，争喧不已，赶着上船的、急着接船的、等着卸货的、盼着回乡的……顷刻间，尘世中平凡的等待和希望便压满船舱。只听船夫"欸乃"一声，长长的竹篙划开波心，继之以轻稳的双桨，帆正风匀，鸥鹭从容，渔歌渐起，星汉西流。沿岸的滩头酒旗飘扬，官桥的倒影卧如长虹，这时候，站在船尾的诗人不经意间向东回眸，只见高耸的古铜色的城西角楼，连同参差的雉堞，随着蒸腾的水雾，渐隐渐失在苍茫的夜色中……

第八景：新洲麦市。

新洲即新河洲。同治《霍邱县志》卷一《舆地》载："新河洲故皆陆地，后因水涨淹没之曰洲，与颍上连界，元时二县之民争讼与官，累年不决。至大间，方断属霍邱。"

霍邱自古乃鱼米之乡，治内物产丰富，集市众多。万历《霍丘县志》第三册《市镇》所载的集市就有果市、米市、鱼市、柴市、菜市、牛市、羊市、麦市、稻市、豆市。新洲的麦市能跻身"霍邱八景"，足以想见其当年的热闹程度。

考虑到历史变迁，清代新洲麦市的风貌、规模与八景的早先规模未必一致，因此，仅取万历《霍丘县志》所载戴于飞的题咏进行赏析。

新洲近水接天衢，瑞麦初收价可沽。

扰扰铢分卖与买，纷纷猬集有通无。

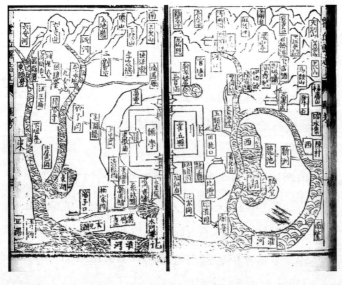

万历《霍丘县志》所示图考，西湖东岸可见"新洲"方位

输舟欲献滹沱饭，贵谷何求贾腹珠。

农末相资还有利，千门万紫总赢余。

首联开篇点题，把"新洲"和"麦市"袒露于读者眼前。"洲"本意为水中陆地，从万历《霍丘县志》的《图考》可以清晰看出其夹杂于西湖与淮河间的特殊地理位置。"瑞麦"乃吉语，古人常将其与嘉禾、甘露、醴泉、芝草等并用，表达吉祥。颔联用"纷纷""扰扰"来形容、用"猬集"即刺猬聚拢的硬刺来比喻麦市交易的繁忙。颈联稍稍用典："滹沱饭"又称"滹沱麦饭"，相传刘秀称帝前，从蓟东南驰往饶阳，路上饥疲难耐，有"大树将军"之称的冯异连上豆粥和滹沱河麦饭，助其渡过难关①，此处巧用"麦"事，却不着"麦"字，用典巧妙；"贾腹珠"又作"剖腹藏珠"，相传西域有贾姓胡商得一美珠，担心被盗，居然剖腹藏之②。这两句既渲染了"瑞麦"的功用，又凸显其珍贵，也因文辞典雅，提升了全诗的品位。末句以"有利""赢余"作结，绘就了麦农丰产增收的美好愿景。

　　和前六景相比，后二景诗不纯写景，而是人景交织：一幅是"平民争渡图"，另一幅是"蓼农贩麦图"。通过这些图卷，千年之后，我们犹可想见当年霍邱城的旖旎风光，以及徜徉于这片热土之上的百姓的真实生活。

---

① ［宋］范晔撰：《后汉书》，中华书局，2015 年，第 641 页。

② ［宋］司马光编著；［元］胡三省音注：《资治通鉴》，中华书局，1976 年，第 6041 页。

龙池、钓台及"二龙争斗"的传说

打开万历《霍丘县志》的首册《图考》，在状如花生壳外形的城西湖西岸，有一池一台南北相望，池曰"龙池"，台曰"钓台"。

这两处地名，或者说景观，在玲珑精致的明代地图中很是抢眼，给人无穷想象：霍邱自古并未出过天子，这"龙池"由何而来？"钓台"又有何典故？历史上曾有哪位高人在此垂钓？

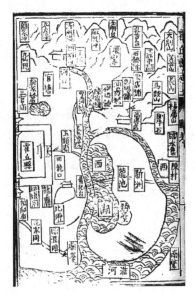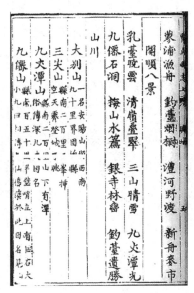

图左：万历《霍丘县志》第一册《图考》中可见"龙池""钓台"方位

图右：万历《霍丘县志》第二册《舆地》中的"县八景"（含"钓台烟树"）、"开顺八景"（含"钓台遗胜"）

回答这些问题，需要从唐代布衣赵耕所撰的《张龙公碑》说起。

由于年代久远，这块石碑现已不复存在，不过碑文却被幸运地保留在宋代欧阳修的《集古录》卷十中：

君讳路斯，颍上百社人也。隋明经登第，景龙中，为宣城令。夫人关州石氏，生九子。公罢令归，每夕出，自戌至丑，归常体冷且湿，石氏异而询之，公曰："吾，龙也，蓼人郑祥远亦龙也。骑白牛据吾池，自谓'郑公池'。吾屡与战，未胜。明日取决，可令吾子挟弓矢射之，系鬣以青绡者郑也，绛绡者吾也。"子遂射中青绡，郑怒，东北去。投合肥西山死，今龙穴山是也。由是公与九子俱复为龙，亦可谓怪矣。

余尝以事至百社村，过其祠下，见其林树阴蔚池水，窈然诚异物之所托。岁时祷雨，屡其应。汝阴人尤以为神也。①

这是一则相当精彩的唐代"玄幻"故事，文中的两位主角都是"龙"，或者说是托体为人的"龙"：一为颍上人张路斯，一为蓼人郑祥远。从文中的描述和相关文献记载来看，郑祥远就是霍邱人。②"二龙争斗"的传说，大致就发生在两县接壤处。

文中的张路斯本是凡人，曾高中明经，当过宣城令，妻子石氏为其诞下九子。张路斯被罢官后回到颍上老家，开始了行迹奇异的乡居生活：昼伏夜出，每晚约七时离家，清晨三时左右方归，归来遍体冷湿，仿佛在水中浸泡过。这些情况没多久便引起了石氏的注意，张路斯并没有刻意隐瞒，而是将其"龙身"的真相，以及另一位"龙人"郑祥远骑白牛占据自己的地盘——龙池，并霸道地将其改名为"郑公池"的事和盘托出。他告诉妻子，最近一段时间，两龙大战数回，都是对方占了上风，明日即将决战，并嘱咐她让儿子携带弓矢观战，瞄准脖子上系有青绡者暗中放箭，争取一招制敌。

这场早已设下埋伏的争斗显然是以郑祥远的失败而告终——他背负箭伤，

---

① ［宋］欧阳修著；李逸安点校：《欧阳修全集》，中华书局，2001 年，第 2308 页。

② 同治《霍邱县志》卷一《舆地志》云："乌龙井，在今乌龙庙集上，郑祥远化龙处，郑祥远，本镇人。"

图中河流为淮河，对岸为赵集（今属颍上县），前景为今之霍邱县城西湖乡汪集村，
即同治《霍邱县志》所记"龙池""龙井"所在地，蓼人郑祥远曾骑白牛于此

一路朝东北奔去，最终死在了合肥的西山，也称"龙穴山"①。张路斯获胜后，和他的九个儿子"俱复为龙"，出现了"一门十龙"的壮观景象。当地百姓尊张路斯为"神"，敬称其为"张龙公"，每遇旱灾便设祭祈雨，颇为灵验。

介绍完故事梗概，接下来，我们略做一些拓展与思考。

先看张路斯。

前文中的张路斯有两个身份：一是作为"人"的张路斯，一是作为"龙"的张路斯（张龙公）。后者下文会再讨论，就前者而言，他参加过隋末的科举考试，《登科记考》卷二十七云："（张）年十六，中明经第。景龙中，为宣城令。"②嘉靖《宁国府志》卷八云："张路斯，景隆中为宣城令，在官垦土田、

---

① 关于"龙穴山"的具体方位，可参两说：一为《大明一统志》卷十四："在府城，西一百三十里上有张龙公祠……郑怒，投合肥西山以死，今龙穴山是也。盖山之东南隅有穴，土人以山。有一池，又呼为龙池山。张又《新水记》以此池水为天下第十池。旁有庙，乡人岁旱于此祷。"（见［明］李贤等撰：《大明一统志》，三秦出版社，1990年，第218页）二为《夜航船》卷二《地理部》："龙穴山，在六安州，上有张龙公祠。"（见［明］张岱撰；刘耀林校注：《夜航船》，浙江古籍出版社，1987年，第87页）

② ［清］徐松撰；赵守俨点校：《登科记考》，中华书局，1984年，第1087页。

通水利，至今城北有张路斯田。"① 对于这段历史，光绪《宣城县志》卷三七说得更为详细：

> 张路斯田，城南五里，俗称其田不利耕者，多水灾，乃张公为令时垦之。张右史诗云："张公乃人龙，为令尝在兹，至今城北田相传为路斯。"②

文中的这块荒地常遇水灾，大概相当于河漫滩，张公垦之，以利千秋。此外，《安徽通志》卷六十五载："（太平府当涂县）路西湖，一名路斯，因张路斯得名，在延福、姑孰二乡。"③ 可见，作为"人"的张路斯确实存在，其为官期间颇有政声，百姓以"张路斯田""路斯湖"等的命名来表达对他的感念。

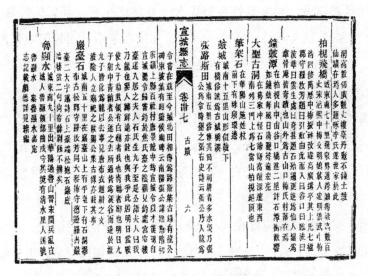

光绪《宣城县志》中有关"张路斯田"的记载

关于"张路斯"的人名，也曾引起争议。最早提出质疑的是北宋的米芾。《挥麈后录》卷七载：

① ［明］李默纂：《（嘉靖）宁国府志》，明嘉靖刻本。

② ［清］李应泰等修；［清］章绶撰：《（光绪）宣城县志》，江苏古籍出版社，1998年，第884页。引文首句"城南"或为"城北"之误。

③ ［清］何治基等撰：《安徽通志》，华文书局，1967年，第668页。

以上东坡先生所撰《颍州昭灵侯庙碑》，米元章作《辩名志》刻于后云："岂有人而名路斯者乎？盖翰林凭旧碑'公名路'，当是句断，斯颍上人也。唐人文赘多如此，米刻略云尔。"明清比仕宁国，因民讼，度地四至，有宣城令张路斯祠堂基者，坡碑言：侯尝任宣城令，则知名路斯无疑。元章辩之误矣。①

这段文字谈到米芾曾作《辩名志》，认为张路斯本应作"张路"，后缀以"斯"是断句失误所致，该文被刻在苏轼碑文之后。引文的作者王明清否定了米芾的观点，理由是他在宁国为官期间，曾亲眼见到宣城令张路斯的祠堂地基，可见名为"路斯"无疑。

唐代景龙以后，颍上百姓在焦氏台为其建祠立祀，其后历经修缮增广，渐成规模。据苏轼《昭灵侯庙碑》记载，北宋熙宁中，司封郎中张徽为其奏乞爵号，宋神宗诏封张路斯为"昭灵侯"。

再看张妻石氏。

前引《集古录》中言其乃"关州"（亦作"关洲"）人。明成化《中都志》卷四云："关洲村，张龙公夫人石氏家于此。"②《安徽通志》卷五十一亦云："关州村，在颍上县，张龙公夫人石氏家此。"③可见石氏的籍贯为关州（洲）村，在今颍上县。

关州（洲）的具体位置在同治《霍邱县志》中有明确记载，其卷一《舆地志》引《颍上志》云："关州，县西南七十里，与霍邱对境，中夹淮水，有安风津，为设防之所；水之南有洲，曰'关洲'，村曰'关州村'。"

北宋熙宁中，宋神宗诏封石氏为"柔应夫人"，事见苏轼《昭灵侯庙碑》。东坡诗《祷雨龙公既应刘景文有诗次韵》云："言从关洲妃，远去焦氏台。"所谓"关洲妃"，就是指这位"柔应夫人"石氏。此外，《中都志》卷四又云：

---

① 〔宋〕王明清撰；田松清校点：《挥麈录》，上海古籍出版社，2012年，第104页。

② 〔明〕柳瑛纂修：《（成化）中都志》，明弘治刻本。

③ 〔清〕何治基等撰：《安徽通志》，华文书局，1967年，第532页。

"柔应夫人墓，在（颍上）县西南三十五里淮润乡，乃张龙公夫人石氏墓也。"①

其三，谈谈"二龙争斗"的缘由。

从现有文献看，导致争斗的原因大致有三：一是"争龙池"。前引《集古录》中已经谈到，郑祥远骑白牛占据了龙池，并将其改名"郑公池"，遂引起张路斯的不满。二是"争龙宫"，该说始见于苏轼《昭灵侯庙碑》，其文曰：

> （张路斯）自宣城罢归，常钓于焦氏台之阴。一日，顾见钓处有宫室楼殿，遂入居之。自是夜出旦归，归辄体寒而湿。②

文中将张路斯的夜间去处具象为"宫室楼殿"，这就为日后的"龙宫说"埋下伏笔。杨士宏《唐音》卷一收录了宋之问的《灵隐寺》诗，其中有"鹫岭郁岧峣，龙宫锁寂寥"句，注曰"道人张路斯与蓼天麻争水中龙宫"③（此处"蓼天麻"或为"蓼人郑祥远"之误），指出两人争夺的焦点是"水中龙宫"，这想必是受了苏轼碑文的影响。三是"争钓矶"，事见清代卓尔堪的《明遗民诗》，其卷九有《过路斯湖》，自注曰："即宣城太守张路斯与郑祥远争钓矶，率九子战胜化龙处。"诗云：

> 张公争钓处，川泽为留名。
>
> 水带鱼龙气，风含战斗声。
>
> 春阴寒雨急，芳渚暮潮平。
>
> 愁寂看同侣，重伤游子情。④

该诗颔联气势浑雄，将二龙争斗的场景描绘得栩栩如生。作者将争斗归因

---

① ［清］何治基等撰：《安徽通志》，华文书局，1967年，第532页。
② 孔凡礼点校：《苏轼文集》，中华书局，1990年，第506页。
③ ［元］杨士宏选编；［明］张震辑注；［明］顾璘评点；陶文鹏、魏祖钦整理点校：《唐音评注》，河北大学出版社，2006年，第473页。
④ ［清］卓尔堪选辑：《明遗民诗》，中华书局，1961年，第367页。

于"争钓矶",又将"钓矶"所在之湖称作"路斯湖",不知所据为何,聊备一说。

其四,谈谈"钓台""龙池"与霍邱的关系。

苏轼《昭灵侯庙碑》云"(张路斯)自宣城罢归,常钓于焦氏台之阴"①,但对于"焦氏台"在何处却未说明。万历《霍丘县志》卷二《形胜》载有霍邱名胜"三台":"县治西北隅有老鹤嘴(一名鹤台)、看花台与焦台。"同治《霍邱县志》卷一《舆地志》亦云:"焦台,合上二台(鹤台、看花台)并峙为三,相传为一邑名胜。"可见焦台即钓台。张龙公垂钓处、钓台、焦台这些关乎"二龙争斗"传说之地,均在霍邱境内。

不过,具体到"钓台"的方位,不同的文献记载略有出入。《中都志》卷三云:"张龙公钓台,在(霍丘)县西南十二里,澧河西岸,高一丈,周二十里。"②《安徽通志》卷五十一云:"张龙公钓台,在霍邱县西北三十里。"③究竟是在西南还是西北?因颍上在霍邱正北,故前说之"县西南十二里"不足为据,后者与万历《霍丘县志》第二册《形胜》中介绍"三台"时的"县治西北隅"的记载吻合,同时,从万历《霍丘县志》首册的《图考》中,也可以清晰看出"钓台"位于霍邱西北、沣河西岸。

龙池今貌

---

① [清]卓尔堪选辑:《明遗民诗》,中华书局,1961年,第367页。

② [明]柳瑛纂修:《(成化)中都志》,明弘治刻本。

③ [清]何治基等撰:《安徽通志》,华文书局,1967年,第531页。

"钓台"已经明确，"龙池"又在何处?《中都志》卷四载:

> 龙池，在霍丘县西四十里，相传张龙公路斯变龙处。
>
> 龙池，在颍上县西南四十里，淮润乡滨沙河，即张公路斯蜕骨化龙之池，与霍丘接界，故并载之。①

引文中的霍邱、颍上"两地说"，其实并不矛盾，因两地毗邻，"故并载之"。结合前文中"钓台"在县西北三十里，与"龙池"仅十里相望，虽然现存几种县志的《图考》在标识两处遗迹时略有差异，但总体方位是可信的。

其五，谈谈"龙井"与祈雨。

先说祈雨，张路斯"化龙"后，当地百姓在焦台为其建祠，其后不断修缮，苏轼《昭灵侯庙碑》载:

汪集村八十一岁村民胡继春先生于盛夏午休时分，冒着近四十度的高温，慷慨为笔者摇橹，同泛于淮河之上，帮助确认钓台遗址。据胡先生口述:当地村民称这片水域为"龙窝河"，"我小时候喜欢听老一辈们讲神话传说，据说当时两条龙斗架，斗得厉害，血水把整条河都染红了……"

钓台遗址出土的陶罐
（胡继春先生提供）

---

① ［明］柳瑛纂修:《（成化）中都志》，明弘治刻本。

自景龙以来，颍人世祠之于焦氏台。乾宁中，刺史王敬尧始大其庙。有宋乾德中，蔡州大旱，其刺史司超闻公之灵，筑祠于蔡，既雨，翰林学士承旨陶穀为记其事。盖自淮南至于蔡、许、陈、汝，皆奔走奉祠。景德中，谏议大夫张秉，奉诏益新颍上祠宇。①

这段文字可做四方面理解：其一，唐以后的焦台之上，先有祠，后有庙，北宋时期渐为广大；其二，因焦台位于两县接壤处，张龙公又是颍上人，因此颍上百姓"世祠之于焦氏台"，这在情理之中；其三，祭祀张龙公的主要目的在于祈雨，除焦台之外，亦有张龙公祠的"分店"，比如北宋初年蔡州（今河南省汝南县）大旱，刺史就在当地另建张龙公祠，祈之得验，颍上也有其祠宇，为宋真宗时增建；其四，焦台的张龙公祠（庙）曾声名远播，深受周边州郡百姓的崇敬。

不过，真正为其"灵验"扩大宣传的还是苏轼。北宋元祐六年（1091）秋十月二十五日，颍州大旱，时任龙图阁学士、左朝奉郎、知颍州军州事的苏轼在颍州西湖的行祠前祈雨，同祈的还有州学教授陈师道以及苏轼次子、承务郎苏迨。祈雨得应后，是年十一月十日，在原职基础上又多了"兼管内劝农使、轻车都尉、赐紫金鱼袋"头衔的苏轼举行了隆重的"送神"仪式，亲自设祭并撰文，送神还昭灵侯庙。这一"迎"一"送"可谓轰轰烈烈，分别记载于苏东坡《祈雨迎张龙公祝文》和《送张龙公祝文》中。东坡手书的祈雨文章又称《颍州祷雨帖》，今可见其墨迹复写本，真迹已不知所藏。

从"祭祀祈雨"到"龙井祈雨"有个变化过程。最早出现近似"龙井"一说的是苏轼《昭灵侯庙碑》，其云：

庙有穴五，往往见变异，出云雨。或投器穴中，则见于池，而近岁有得蜕骨于池者，金声玉质，轻重不常，今藏庙中。②

①②　孔凡礼点校：《苏轼文集》，中华书局，1990年，第506页。

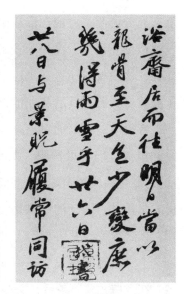

苏轼《颍州祷
雨帖》片段

从这段文字可以看出：首先，昭灵侯庙中有五穴，即五孔，能变幻云雨，灵
验异常；其次，五穴中至少一穴与龙池地下暗通，且穴高池低，方能实现自
穴中"投器"，而从龙池拾获；再次，龙池中常能捡到"龙骨"，百姓认为那
就是张龙公的"蜕骨"，于是将其供藏于昭灵侯庙。苏轼《昭灵侯庙碑》中记
载的迎神祈雨，其实际过程是"迎致其骨于西湖之行祠，与吏民祷焉，其应
如响"，所迎的"龙骨"就是由此而来。

　　但这只是对岸官员的祈雨方式，对于霍邱而言，一方面，张龙公毕竟是
颍上人，苏轼所祭的昭灵侯庙也位于颍上，霍邱官员渡淮致祭，多有不便；
另一方面，苏轼《昭灵侯庙碑》中所写的"蜕骨于池"的"龙池"，恰在淮河
南岸的霍邱境内，得天独厚的地理条件决定了本县官员祈雨的对象逐渐向龙
池、龙井转变。同治《霍邱县志》卷一《舆地志》云：

　　　　白龙井，在今汪家集东南，淮河南岸有龙池。水涸时，渔人往往于
　　池获龙骨。井去池三里，即张路斯及九子化龙处，相传下有龙宫。雍正
　　中，土人以鸭投井中，辄自龙池出，益信井与池通。旱年祷，无不应，
　　但动井水即大水，土人恶而湮之，今失其处。

上文充分说明，龙池在淮河南岸，也就是在霍邱一方的汪集东南，龙井位于龙池以南三里处。文中所说的"化龙处""龙宫"都与前文述及的典故相符。此外，这段材料还透露出三个重要信息：其一，清雍正年间，当地人曾用鸭子投井做实验，其后从龙池拾获，说明地下确有暗河。其二，旱年时百姓祈雨，皆得应，祈雨的对象是"龙井"，不同于对岸颍上祀张龙公求雨。其三，龙井虽灵，但不可冒犯，尤其不能"动井水"。这里所说的"动"应为"擅动"，既包括风调雨顺时不能动，即非旱不祈，又包括不能将之视同于普通居民吃水用井。擅动的结果是发大水，洪灾难挡，因此百姓敬畏，索性将其填埋，久之遂致"失其处"。

上文所述应该发生在清朝同治之前，因为同治《霍邱县志》卷一《舆地志》在"白龙井"条后，又补充了一段记载：

> 同治六年，自春徂夏，亢旱不雨，蓼西湖勺水无存，农民待泽孔殷，知县陆鼎敩遍访附近居民，最后得老人指示其处，掘土得泉，甘冽异常，取水进城，大雨随至。农田沾足，转歉为丰，斯井之功。乃用砖砌为井，并盖大石以志之。

汪集镇七十八岁居民徐国民先生为作者寻找"龙井"遗址（在其正前方围墙地基下），并用手臂比画其直径

相比之下，这段文字把问题说得更明白。同治六年（1867）霍邱大旱，一春无雨，导致城西湖涓滴无存，这符合上文所说的"非旱不祈"的原则，于是知县陆鼎敔遍访当地居民，最终找到龙井，掘土得泉，取水进城，甘霖遂降。其后在掘泉处用砖砌出井栏，使之易辨（现已为当地居民填埋）。

其六，谈谈苏轼祭祀时的"龙骨"问题。

如前文所述，苏轼祈雨，祭祀的是张龙公，但其"迎"和"送"的主体是"龙骨"。张龙公在争斗获胜后并九子蜕骨升天，所谓"蜕骨"，是指灵魂升天后的骸骨，该词也多用于道教。如此说来，"龙骨"实际就是张龙公的"凡身"，其"威力"是自不待言的，但问题是，是否真的有"龙骨"？苏轼迎奉的究竟是什么？

欲解此谜，要先看苏轼在《昭灵侯庙碑》对百姓在龙池拾获"龙骨"的描述，其曰："金声玉质，轻重不常。"这八个字，一表材质，一表形貌，形神毕肖，足见确有此事，但世间并无龙的存在，因此"龙骨"之说本身是个伪命题。

为了弄清真相，笔者在2019年暑期曾三度赴汪集走访，询问多位上了年纪的村民，他们均给出肯定答案："的确有龙骨，我们都见过。身上哪里有伤口，研一点制成粉末敷上，就能止血……"

揭开谜底之前，不妨看一段当代《霍邱县志》的记载：

1955年夏，周集区陈郢乡南滩村淮河破堤，洪水冲出一批古象、古野牛、古鹿化石，当地农民运往外地出售，被县文化馆发现收回，10余件（块）送安徽省博物馆收藏。县文物组共保存淮河古象化石21块（内有象牙化石5块）、古野牛化石2块、鹿角化石5块，经鉴定多为30万—50万年前古生物化石，对研究淮河流域的生物进化、地层变迁以及社会文化等方面，有一定价值。

1968年，在南滩西北8.5公里、距王截流2公里处建城西湖进洪闸，挖掘闸前回水池，约挖至10米深发现一具较完整的淮河古象化石（当地民工认为是龙骨），当时正在"文化大革命"时期，没人敢言保护，化石损毁。①

看完这段材料，想必读者朋友应该明白所谓"金声玉质，轻重不常"的"龙骨"究竟是何"法宝"了。笔者在实地走访中，看到距龙池、钓台所在地的汪集村仅六公里，且在其淮河上游方位的王截流乡朱张村目前已树立"古生物化石地遗址"保护碑，可见当年在其下游汪集的"龙池"遗址发现"龙骨"，便不足为奇了。

霍邱县王截流乡朱张村"古生物化石地遗址"保护碑

其七，谈谈诸本《霍邱县志》收录的涉及"张龙公"的文章问题。万历《霍丘县志》第九册《艺文》中收了林一阳《祈祷张公祠文》、欧阳修《祭张龙公文》、苏轼《祈张龙公既应次刘景文韵》和董辂《告迁张龙公庙文》四篇文章。其中林一阳、董辂二人在该志第五册《秩官》中有简要介绍：

> 林一阳，漳浦人，举人。嘉靖四十三年任以济南府通判，左迁。养民训善，修举废坠，有循良风，升审理正，有《遗爱碑记》。
>
> 董辂，泰州人，隆庆五年任勤课士艺，至今思之，升楚雄府推官，卒于霍。

---

① 霍邱县地方志编纂委员会编：《霍邱县志》，中国广播电视出版社，1992年，第677页。

林、董二人都曾为官霍邱，林为知县，董为教谕。其被收录的文章，一为祈祷文，一为告迁文，对象都是张龙公；前者为祈雨"既应"所作，后者因"庙址傍淮，流水啮之"，于是将其迁往"城北有地隆起"处，说明至少在明代，祭祀张龙公已不特为颍上一地的风俗，亦为蓼人所尊崇。万历《霍丘县志》收录的涉及张龙公的文章不足有二：一是在四文的排列上缺乏逻辑，分别为欧、林、董、苏，将明人居中，宋人分置两端，不尽合理。二是欧、苏均为文坛大士，同时也与颍州有特殊过往，但与霍邱关系不大，将其文章收入《霍丘县志》第九册的《艺文》略显牵强；同时，从存世的二人关于张龙公的文章来看，除此两篇外，还有苏东坡《聚星堂雪一首并叙》《祈雨迎张龙公祝文》《祈雨送张龙公祝文》《昭灵侯庙碑》（又名《张龙公词记》）等，若收应当一并收之。这些问题，在清代的四部《霍邱县志》中也同时存在。

其八，谈谈张龙公的传说与"龙生九子"的关系问题。俗话说"龙生九子，各有不同"，常用来比喻同胞兄弟各有特点，各有优长。这一说法由来已久，但究竟有哪"九子"，一直没有确切的说法，直到明代一些文人笔记，如陆容的《菽园杂记》、李东阳的《怀麓堂集》、杨慎的《升庵集》、李诩的《戒庵老人漫笔》以及徐应秋的《玉芝堂谈荟》中，才对诸龙子的情况做了介绍，比如老大囚牛、老二睚眦、老三嘲风等。虽然如此，由于诸本表述不一，实际上至今仍无定说。"九子"的定名涉及民俗、文学、历史等多个范畴，其本身并非严谨的学术问题。和许多神话传说以及早期文学作品一样，"九"当作"多"解，乃虚指。"龙生九子"说从产生到演变再到定型经历了漫长的过程，如要追溯其较早的来源，那么唐代流传在霍邱、颍上两地"二龙争斗"的传说，或许可以看作霍邱地域文化对中国神话传说的一个重要贡献。当然，这里"九子"的父亲本是凡人，和后世所理解的"龙"或"龙王"有所不同。

最后，再补充一点，"二龙争斗"传说的"主角"张路斯虽是颍上县人，其后又历经当地官员，特别是欧阳修、苏东坡二位文坛大士的着力皴染，遂使张龙公祠成颍上、颍州的重要文化遗迹，但与《霍邱县志》所载的"龙池""钓台""焦台"等地处霍邱，让子孙后代分享"二龙争斗""龙生九子"的神话传说并不矛盾——蓼人郑祥远是这则传说的重要参与者，蓼地的古迹是这则传说的重要发源地，龙井的灵验也曾为多灾多难的霍邱百姓带来过实实在在的好处，因而历代《霍邱县志》将其列入"县八景"（其中有"灵池瑞霭""钓台烟树"），霍邱至今犹存的"乌龙庙""乌龙井""白龙井"等地名，都是对这一传说最好的注释与记忆。

"澧河"还是"灃河"?

　　早在明代万历《霍丘县志》中，就有"霍丘八景"的记载，"澧河野渡"作为"八景"之一，与"淮水拖蓝""蓼浦渔舟"等共同拼接出霍邱鱼米之乡、水乡泽国的多彩画卷。这部县志的《艺文志》中载有署名为邑人曾翀的《澧河野渡》诗，其中"长河如带水如苔，中有通津利往来"的佳句，让宽广多情、碧波荡漾的澧河跃然纸上。

　　不过，在康熙和同治《霍邱县志》中，"澧河"被改写作"灃河"，相应的"八景"之一被改写作"灃河野渡"，道光《霍邱县志》又出现变体的"灃"字（俱见下图）。为何出现这样的变化？清代县志是有意校正还是无心误刻？"澧河"与"灃河"是否是两条河流？

五种《霍邱县志》(左起：万历、康熙、乾隆、道光、同治) 中"澧（灃）河"名称的差异

　　这个话题似乎有些"来者不善"。出生在霍邱的朋友，大概对家乡的土特产"沣虾银鱼"不会陌生，沣虾是沣河（澧河）的特产，如果"灃河"的记载有误，那么"灃（音'礼'）虾银鱼"的叫法多少有些拗口，让人不太习惯。

　　要想弄清这个问题，需要从《霍邱县志》的文本流变、相关记载的梳理以及河流名称的溯源三个角度展开讨论。

先看《霍邱县志》中涉及这条河流的文本流变。万历《霍丘县志》中，至少有六处提及澧河：

其一，绘有澧河、澧河铺的具体方位（第一册《图考》）。

其二，"澧河：县西十里，源自枣木河，北流入淮"（第二册《形胜》）。

其三，"县八景：澧河野渡"（第二册《形胜》）。

其四，"澧河渡口：县西南十里"（第三册《津梁》）。

其五，"澧河铺：县西十里"（第三册《铺舍》）。

其六，邑人曾翀《澧河野渡》诗（第九册《艺文》）。

由是可见，这条河流在目前存世最早的霍邱方志中皆称"澧河"，但在其后的康熙《霍丘县志》中，就有了一些变化：

其一，绘有澧河铺的具体方位（卷一《图考》）。

其二，有该河及渡口的介绍，但文字不清，无法辨识（卷一《形胜》）。

其三，邑人曾翀诗，诗题作《澧河野渡》（卷九《艺文》）。

一书之中既言"澧河"又言"澧河"，康熙《霍丘县志》开创了先例。

在其后的乾隆《霍邱县志》中，"澧""澧"混用的现象屡见不鲜，比如：

其一，在《图考》及《形胜》中皆用"澧河"，仅就河流名称做了替换，其余内容与万历《霍丘县志》一致，比如："澧河：县西十里，源自枣木河，北流入淮。"

其二，该县志共收相关诗作五首，诗题无一例外皆为《澧河野渡》。

道光《霍邱县志》中皆用变体，字形介于"澧""澧"之间。该字不见于各类字书，作为特例，暂不做探讨。

到了同治《霍邱县志》，"澧河"已完全取代"澧河"，成为普遍现象，同时还出现简化的写法"丰河"，具体如下：

其一，《图考》作"丰河铺"（卷一《舆地图》）。

其二，"澧河即古穷水，源于枣木河，汇赵家河"（卷一《舆地志》）。

其三，"蓼城八景：澧河野渡"（卷一《舆地志》）。

其四，"澧河上流有两河口渡，县西南六十里""澧河下流有澧河渡，县西十里，旧有桥，今圮，改渡"（卷二《营建》）。

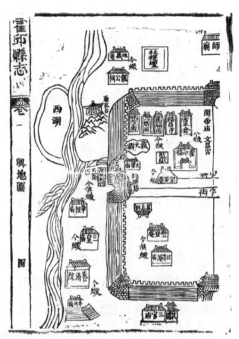

同治《霍邱县志》左下
角出现简体"丰河铺"

其五，"澧河铺，西十里"（卷二《铺驿》）。

其六，邑人《澧河野渡》《澧水观澜》等诗（卷十五《艺文》）。

通过比较可以发现，同一河流、同一渡口、同一铺驿、同为"八景"之一，"澧"和"灃"在明代以后经常混用，清代四种《霍邱县志》中的"澧河"无疑就是明代万历《霍丘县志》中的"灃河"。

抛开《霍邱县志》不论，其他历史文献对两条河流的记载情况如何？

"灃河"一词在古籍中并不多见，《太平寰宇记》卷五十九《河北道八》云："百泉河，在州东南八里，水自平地而出，其泉无数，故曰百泉，是灃河之上源也。"[1] 不过，这条"灃河"位于古邢国（今河北邢台）的龙冈县，古籍中的"灃河"也多指这条河流。

确指霍邱"澧河"的较早的文献记载是明代柳瑛的《中都志》，其卷二云：

----

[1]　［宋］乐史撰；王文楚等校点：《太平寰宇记》，中华书局，2007年，第1215页。

> 澧河，在县西十里，发源自县西南枣木河，东北流入淮。
>
> 澧水，在县西南十里，源出穷谷，旧名穷水，后改今名。①

上文中两河位置不同、发源各异，应各有所指，但这一说法未必准确，因为《中都志》对两河名称的记载本身存在混淆，比如其卷三云"霍丘县：张龙公钓台，在县西南十二里，澧河西岸，高一丈，周二十里"②，结合万历《霍丘县志》的《图志》，可知张龙公钓台所处的位置，正是其所标示的"澧河"近入淮处；又《中都志》卷四云"霍丘县（铺驿）：澧河铺"③，结合万历《霍丘县志》的《图志》及第三册《铺舍》，可知此"澧河铺"即"澧河铺"。如此说来，发源于枣木河、位于县西十里、东北向入淮的这条河流是"澧河"，但《中都志》却将其流经区域内的铺驿和龙公钓台遗址冠以"澧河"之名，显然是不准确的。此外，"澧水"旧名"穷水"说是照搬了《太平寰宇记》，《中州志》并未对其与"澧水"的关系详加考辨（详下文），因此不足为据。

《中都志》以外，清代文献中"澧""澧"混用的情况非常普遍，比如赵宏恩《（乾隆）大清一统志》卷二十八和穆彰阿《（嘉庆）大清一统志》卷一百二十八皆云"澧河渡，霍邱县西南十里"④，但何绍基《安徽通志》卷四十二却云"澧河渡，县西南十里，后设桥，今圮，仍改渡"⑤。显而易见，三部志书所指的渡口实际是同一渡口。

此外，《安徽通志》中提到的"澧河"上的这座桥，理应称作"澧河桥"，但不同文献记载亦有差异。同治《霍邱县志》和《安徽通志》言其架于澧河之上，乾隆《霍邱县志》卷十一《艺文》中有邑人张肇元的《修看花台序》，文中写到"再则，澧河造桥，而天门阻塞矣"，如此说来，当称作"澧河桥"，但从该县志《县境之图》中可以看到，这座桥与同治《霍邱县志》之"澧河桥"位置相同，因此同样属于名称混用。该桥明清以来屡圮屡修，至今仍在

---

①②③ ［明］柳瑛纂修：《（成化）中都志》，明弘治刻本。

④ ［清］赵宏恩修：《（乾隆）江南通志》，清文渊阁四库全书本；［清］穆彰阿撰：《（嘉庆）大清一统志》，四部丛刊续编景旧抄本。

⑤ ［清］何治基等撰：《安徽通志》，华文书局，1967年，第458页。

发挥作用，"灃河桥"的名称也一直被沿用。

接下来，再谈谈这条河流名称的溯源。

"澧河"的命名缘由未见诸文献，但"灃河"就大不一样了，郦道元《水经注》卷三十云：

> 淮水又东北，穷水入焉。水出六安国安风县穷谷。《春秋左传》："楚救灊，司马沈尹戌与吴师遇于穷者也。"川流泄注于决水之右，北灌安风之左，世谓之"安风水"，亦曰"穷水"，音"戎"，并声相近，字随读转。流结为陂，谓之"穷陂"。①

这段文字阐明了穷水的位置、源头、典故、读音以及与"安风水"的关系等，围绕这些问题，古今争讼纷纭，观点概括起来大致有三：

其一，灃水即穷水说。

从《水经注》中"穷水"即"安风水"到"穷水"即"灃水"有个关键过渡，实现这个过渡的是宋代的《太平寰宇记》，其卷一百二十九《淮南道七》云："灃水在县西南十里，源出穷谷，本名'穷水'，出六安国安豐县穷谷，又《左传·昭公二十七年》云：'楚救潜，司马沈尹戌与吴师遇于穷谷，今俗号'灃水'。"②这就明确将"灃水"与"穷水"等同起来，从而为持此说者奉为圭臬。

反映在县志资料中，譬如同治《霍邱县志》卷一《舆地志·山川》云："灃河即古穷水，源于枣木河，会赵家河……又阚家桥水西流入赵家河，始名为灃河。"同卷《古迹》亦云："（穷水）此即今县西之灃河。"同治《霍邱县志》在《太平寰宇记》的基础上，对灃河的发源流变做了更为详尽的考察，阐述了穷水、灃河、灃水三者之间的关系，遂得出上述结论。

其二，穷水分灃、泚二河说。

清代张鹏翮《治河全书》卷十二云："灃河、泚河即穷水也，《水经注》

---

① ［北魏］郦道元著；谭属春、陈爱平点校：《水经注》，岳麓书社，1995，第450页。

② ［宋］乐史撰；王文楚等校点：《太平寰宇记》，中华书局，2007年，第2548页。

云：'穷水出六安国安豐县穷谷，世谓之豐水，亦曰穷水，音戎，并声相近，字随读转。'然则豐与戎皆穷水之名，殆二水本出一源，后因塘堰变，遂分而命之，而各加以水耳。"① 该观点承认澧河即穷水，但提出澧河与淠河同源共生，后因塘堰而分道，加"氵"分别命名，因此穷水实际包含了澧、淠两河。

其三，澧、淠合一说。

持此说者为清代傅泽洪，其在《行水金鉴》卷六十九中先指出澧、淠各不相同，云："澧河在霍邱县西十里，源出枣木河，东北流入淮。""淠河在霍邱县东南二十五里，源自六安香和岭，分小河湾东流入东河。"② 其后又对《水经注》中的内容进行发挥："按《水经》：'东北左会润水，又东北穷水入焉。'《注》云'水出安豐县'，似当从豐，不当从澧。《霍邱形胜》曰'淠澧如游龙探水'，则淠澧又似为一水也。"③ 傅文实际提出两点意见：一是澧河应根据霍邱古称"安豐县"而称"豐河"，不该加"氵"；二是从"淠澧如游龙探水"得出淠、澧实为一水的结论。实际上，前一问题属于音同字异的问题，之所以加"氵"，上文张鹏翮《治河全书》已经做了解释；后一问题属于作者理解偏差，只要翻看任一《霍邱县志》的《图考》，就知道淠河在县东，澧河在县西，如二龙绕城，皆汇入淮水，故称"游龙探水"，因此并不能将它们视为一条河流。

最后，谈谈对"澧""澧"混用的几点认识：

其一，从上文列举的情况，特别是对两条河流的位置、发源、走向、渡口、铺驿以及"八景"等具体内容的比对来看，诸本《霍邱县志》记载的"澧河"即"澧河"。不能因为万历《霍丘县志》中最早以"澧河"的名称出现，而否定清代《霍邱县志》对其的修改或者说校正。前文已指出，明代《中都志》中就已出现"澧""澧"并用的情况，《中都志》编撰于明成化丁未（1487），万历《霍丘县志》修成于万历二十四年（1596），《中都志》要早其近百年，因此，以万历《霍丘县志》最早使用"澧河"为依据，本身并不

---

① ［清］张鹏翮撰：《治河全书》，清抄本，第169页。
② ［清］傅泽洪撰：《行水金鉴》，清文渊阁四库全书本，第697页。
③ 同上书，第698页。

成立。

其二，无论是"穷水分澧、浀二河"说还是"澧、浀合一"说，都不影响"澧河"即"灃河"的判断。《水经注》《太平寰宇记》等都曾指出安风古城（亦作"安丰"）与"澧河""澧水""丰河"的关系，且《太平寰宇记》卷一百二十九《淮南道七》云："古安豐州，在县西南一十三里，北临淮，盖春秋时蓼国。杜预注云'蓼国，今安豐蓼县'，所言安豐，即此城是也。"① 这段话一方面揭示了霍邱、蓼国、蓼县与安豐的关系，另一方面揭示了对古安豐州"在县西南一十三里"的描述，与《太平寰宇记》及诸县志言"澧水在县西南十里"在方位上是一致的，因此由"安豐"得名"澧水"，名正言顺。相比之下，"灃水"之名，既无来由，亦缺乏文化底蕴。

其三，《太平寰宇记》中揭示了"穷水"即"澧水"的问题，再结合《水经注》卷三十中"流结为陂，谓之穷陂"② 中的记载，可以得出这样的结论：古代的"穷水"即今之"沣河"；古之"穷陂"，也就是如今城西湖的前身。虽然时代变迁，其流域、面积略有不同，但北流入淮的整体走向没有改变。

其四，误"澧河"为"灃河"的问题，不仅在霍邱一城，譬如对于前举之《太平寰宇记》中记载的古刑国（今邢台）龙冈县"澧河"，《大明一统志》卷四云"澧河，在任县（今邢台市中部）东一十五里"③，万斯同《明史》卷七十九亦云"任：汉县，东北有故苑乡城，西南有故渚乡城，东有澧河，流入大陆泽"④，但穆彰阿《（嘉庆）大清一统志》卷三十却云"古百泉河，旧为灃河之上源，今邢台有地名"⑤，《清史稿》志三十六《地理一》亦云"灃河，自任入灃，有九闸"⑥，可见四种文献"澧""灃"混用，与霍邱的情况别无二致。

相比之下，还是《元史》的说法更加"圆通"，其卷五《本纪第五》云：

---

① ［宋］乐史撰；王文楚等校点：《太平寰宇记》，中华书局，2007年，第2548页。
② ［北魏］郦道元著；谭属春、陈爱平点校：《水经注》，岳麓书社，1995年，第450页。
③ ［明］李贤等撰：《大明一统志》，三秦出版社，1990年，第72页。
④ ［清］万斯同撰：《明史》，见《续修四库全书》，上海古籍出版社，2002年，第349页。
⑤ ［清］穆彰阿撰：《（嘉庆）大清一统志》，四部丛刊续编景旧抄本。
⑥ 赵尔巽等撰：《清史稿》，中华书局，1977年，第2548页。

"（八月己丑）广济河渠司王允中请开邢、洺等处漳、滏、澧澧河、达泉以溉民田，并从之。"① 又同书卷一百六十四《列传第五十一》云："其三，顺德澧澧河东至古任城，失其故道，没民田千三百余顷。"② 此处将"澧""澧"并用，不做辨析，也算是"方便行事"。

---

① ［明］宋濂等撰：《元史》，中华书局，2016 年，第 86 页。
② 同上书，第 3846 页。

看花台及其"莲花之蒂"说

　　打开现存任一种《霍邱县志》的卷首《图考》，在雄厚方正的城墙西北角外，都分明可见一座颇具规模的古典建筑，不仅形制独特，名称也很特别，叫"看花台"。

　　看花台从何而来？其名有何寓意？为何选筑在古城之外？它经历了怎样的兴衰过往，又毁于何时？从某种意义上说，要全面了解霍邱史，不可不知看花台。

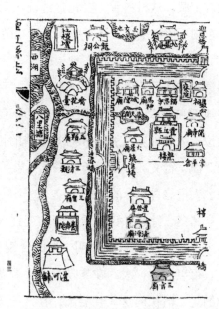

　　万历、康熙《霍丘县志》中的"看花台"，从中可见经修缮后的建筑变化

　　诸本《霍邱县志》的《舆地志》"古迹"条下分别用小注的形式对看花台的来历及其变迁做了介绍：

　　　　万历《霍丘县志》："城西北隅，《旧传》：'霍丘看花有亭一间，今废。'"

康熙《霍丘县志》："城西北隅，霍王看花处，为县治下煞，收西南诸水，邑人林冲霄、张肇元修补，有记。"

乾隆《霍邱县志》："县城西北隅，旧霍王看花处，有台，久废。"

同治《霍邱县志》："县城西北隅，霍王看花处，为县治下臂，收西南诸水，邑人林冲霄、张肇元修补，有记，今废。"

这些介绍看似大同小异，却各有偏重，大致说来，可从以下三个方面加以理解：

其一，明、清记载存在差异。有清一代的三种《霍邱县志》无一例外地将看花台的肇始追溯到"霍王"时期，认为是"霍王看花处"。由于资料阙如，清人的"霍王看花说"不知所出何本，至少在明代万历《霍丘县志》中没有记载。从材料看，看花台选址在霍邱西北，枕西湖而临淮水，南望山峦，向东则可俯瞰全城，当年应该是看花游冶、赏春行乐的好地方。

其二，即便是清代三种记载较为接近的县志，其内容也略有不同：康熙、同治《霍邱县志》在明人的基础上，对看花台的建筑内涵进行了发挥，新增了地理和风水观念，称其为"县治下煞（或下臂），收西南诸水"，并介绍了两位邑人林冲霄、张肇元对其重修的情况。相比之下，乾隆《霍邱县志》较为严谨，行文甚至比万历《霍丘县志》还要简约，其《艺文志》中收录了林、张二人重修看花台的文章。

其三，综合来说，看花台的变迁大致经历了四个时期：最初的兴建与定名（包括建台、建亭）、明中期的台毁亭废、清初的邑人重修、乾隆年间的又废。可以看出，大约在乾隆时期，看花台即已名存实亡，不复昔日风采。有趣的是，清代的这三种县志，在开篇《舆地图》中均绘制了看花台"台上有亭"的状貌，特别是同治《霍邱县志》，其所绘的看花台建筑精美，"有亭翼然"，与该书中"有记，今废"的记载不尽相符。

既然清代的几种县志都提到了"霍王"，那么霍王是谁？他和本书《霍、霍叔、霍丘与霍邱》一文中的"霍叔"是同一人吗？

同治《霍邱县志》卷十四《艺文志四》载有邑人刘连毅（字玉畦）的诗

歌《修看花台未果》，此诗不见于乾隆《霍邱县志》，因此作者应为乾隆至同治年间人，其诗曰：

> 女墙西畔荠萧萧，霍叔坟空历劫烧。
> 半面古城支作壁，一湖清涨涌于潮……

诗作以"女墙""霍叔坟"起兴，可见作者是将看花台"主人"视作霍叔的。

不过，在万历《霍丘县志》第六册《人物》中，"霍王"却另有其人："勋爵：（皇明）霍丘王，王妃翟氏。"此处虽未详载霍丘王的名讳，却可知其为明朝人。其后的康熙《霍丘县志》于此处缺页，不可考。乾隆《霍邱县志》未及此人。道光《霍邱县志》该卷佚失。同治《霍邱县志》较为严谨，提到两位"霍王"，均见于其卷七《勋爵》：一是唐代的"霍王元轨"，县志引《旧唐书》相关传记做了介绍；二是明代的"霍邱王"，其载曰："熙祖子，寿春王长子，洪武元年追封，名失考。"

两说孰是孰非？先看"霍王元轨"说。元轨是唐高祖李渊的第十四子，《旧唐书》卷六十四有传，其中有三点值得关注：其一，"武德六年，封蜀王。八年，徙封吴王"，又"（贞观）十年，改封霍王"；其二，"（贞观）七年，拜寿州刺史，赐实封六百户"，又"（贞观）十年……授绛州刺史，寻转徐州刺史"；其三，"元轨前后为刺史，至州，唯闭阁读书，吏事责成于长史、司马，谨慎自守，与物无忤，为人不妄"[1]。

以上三条可相参读，综合来看，李元轨的确来过寿州，不过在担任寿州刺史期间，他的封号是"吴王"。贞观九年（635），高祖李渊病逝，次年元轨转任绛州刺史，并受封"霍王"，这个封号是太宗李世民所赐。因此，即便李元轨在担任寿州刺史期间来过霍邱，在城外筑台赏花，其身份应为吴王，斯台也应为"吴王看花台"。此外，从第三条来看，元轨在担任两地刺史期间闭门读书，不问吏事，相当低调、谨慎，那么远离州治到霍邱县筑台赏花便不

---

① ［后晋］刘昫等撰：《旧唐书》，中华书局，2014年，第2429页。

合情理。因此，"霍王"应该不是李元轨。

再看明代"霍邱王"说。据《明史》卷一百十六《列传第四》载，朱元璋祖父熙祖共有两子，"长仁祖，次寿春王，俱王太后生"①。仁祖有四子，朱元璋排行老四。寿春王亦有四子，"长霍丘王，次下蔡王，次安丰王，次蒙城王"②，因此霍丘王实际应为朱元璋的族兄（弟）。霍丘王有一子，封宝应王。这些封地基本分布于凤阳府所辖区域，封号是在洪武元年（1368）追封的，"二年定从祀礼，祔享祖庙东西庑。寿春、霍丘、安丰、蒙城四王，皆以王妃配食"③。万历《霍丘县志》中提到的"王妃翟氏"，就是这位霍丘王的妃子。

通过梳理，霍王看花台的来历便逐渐清晰了。虽然由于史料缺乏，我们无法获知"霍丘王"的更多信息，但毫无疑问，他具备了"霍王"的名号，以及在霍邱居住、游冶的条件，因此应是看花台的真正主人。

至于霍叔，其封地在山西霍州，考其生平，与霍邱未有交集，历史典籍中也从未以"霍王"称之，因此与看花台无关。

接下来，回到看花台问题本身：康熙、同治两种《霍邱县志》在介绍看花台时，为何要强调其在地理和风水上的意义？两位邑人林冲霄、张肇元为何要重修看花台？《艺文志》中提到的两人为重修所撰的文章，谈及了哪些重要内容？

要回答这些问题，需从林、张二人所撰的同题文章《重修看花台序》入手。两文创作于同一时期，林文简且奥，张文长且浅，从不同角度阐述了重修的缘由，文辞激愤而恳切。

先看重修的起因，林文曰：

> 吾霍在明神宗时，邑大夫皆晋天曹台省，文献颉颃，江南世家，大族相望，四民咸熙熙乐业。近二十年则反是，予与张君痛心疾首。

张文曰：

———————

① ② ③　[清]张廷玉等撰：《明史》，中华书局，1974年，第3558页。

> 霍，沃邑也，幅员亦甚广，昔之鳞栉而居者，生齿不下数十万，物产商货号称陆海，自寇乱以来，刀兵水火，无岁无之，以致人物荡为冷烟，风华鞠为蔓草。嗟乎！不忍言矣……

可以看出，两位邑人都是极富爱乡兴乡之情的。两文共同回顾了在明末"寇乱"之前霍邱城的繁华景况：人口逾十万，货贸称"陆海"。特别是林文，追忆了明神宗时霍邱大夫巨族的富贵景象，以及普通百姓的安居乐业。其后，二人笔锋一转，共同指向明末兵兴，特别是"近二十年"战乱对霍邱城的严重破坏（相关情况详见本书《崇祯八年古城兵燹纪事》）。言及此事，两人"痛心疾首""不忍多言"，于是决计重修看花台，这可以看作重修之举的历史因素。

那么，兵燹之后，两人欲重建家园，为何要从修看花台入手？

这个问题涉及明末清初的百姓，特别是地方士绅对霍邱城地形地貌的理解，也就是今人所说的县域之"风水"。其观念或许并非形成于明清易代之际，很可能更早，但从现有记载来看，无疑是林、张二人"先声夺人"。

在他们眼中，霍邱城的风水究竟如何？张文曰：

> 霍之县治似莲花，而看花台则其蒂也。

这是个很重要的观点，为引出该观点，两人用了不同的方法：张文是借"青鸟家"之口，即"神仙道人"所说，此说不仅由来已久，而且相当"权威"。林文是在看了张文后才创作的，所以他说"予阅其引语，喜动须眉"。受到张肇元的启发，他极力予以呼应。一方面，他渲染了张肇元在风水堪舆方面的独特才能，曰："张君学富天人，书自坵索坟典外，如龟历、漆书、星野、风角，无所不窥，犹于邑治上下原隰、规形、审势洞于观火。"另一方面，他在张文的基础上充分发挥，说"至花台于县，若一人之半臂焉"，这便是前文所列同治《霍邱县志》中"县城西北隅，霍王看花处，为县治下臂"观点的由来。

接下来就可以言归正传。既然看花台处于霍邱城这朵"莲花"的"花蒂"这一重要的托举地位，一般不该轻举妄动，那么林、张二人选择重修"花蒂"，想必有其独特原因。张文曰：

> 自蒂破花卸，护沙遂为水啮，嗣后官洲口开掘而元气倒泻矣；再则，澧河造桥而天门阻塞矣；再则，远郊起寺而贼煞探头矣。种种残破，尽为霍之害气，今日欲生霍振霍，安全夫霍，必修治诸处，而最急者尤莫如台。

显然，张肇元将霍邱城"自寇乱以来，刀兵水火，无岁无之，以致人物荡为冷烟，风华鞠为蔓草"的原因归结为"四大因素"：

其一，"蒂破花卸"，也就是看花台损毁，导致"护沙为水啮"；

其二，"官洲口开掘"，导致"元气倒泻"；

其三，"澧河造桥"，导致"天门阻塞"；

其四，"远郊起寺"，导致"贼煞探头"。

这"四大因素"，共同妨害了霍邱城的"元气"，"元气"逸，则"运气"衰。在作者眼里，这四项妨碍风水的因素都应该尽快破除：该修的修，该堵的堵，该拆的拆，要想"生霍振霍，安全夫霍"，最紧迫的就是要重修看花台。这可以看作重修之举的"现实"因素。

对于今人而言，修补哪怕重建一座楼台，虽不能说一挥而就，至少是指日可待的，但在林、张的年代，即便有了充足的历史和现实依据，重修之路还是存在不少阻碍。

首先是要让人接受他的观点，解决"为何修"的问题。如前所述，林冲霄在读了张肇元文章的"引语"之后，"喜动须眉"，对张肇元的学问、观点、做法大为赞赏。这段"引语"较长，不再附录，大概意思是一个地域的兴衰自有"定数"，这个"定数"是客观存在的，不以你想不想知、感不感兴趣、知多知少而改变。"定数"是隐而不觉的，但人们可以通过星象、八卦等率先感知，并以之为据，积极寻求导引或破解的办法。张文在"引语"结尾处说："审此，则我霍之近事，可与诸君子共商也。"

显然，林冲霄是接受了他的观点，可以与之坐而论道的，但这不代表一城百姓都会接受，而且非但不会轻易接受，从林冲霄的文章中可以看出，张肇元刚提出动议，真正的修复还未开始，就遭遇了阻力：有人说，看花台只不过是座"传舍"，也就是供行人休息的处所罢了；有人说，这套逻辑天马行空，毫无根由，是"臆说"；更有人说，即便是修复，也是"公事"，用的是"行政经费"，与你一介草民何干？虽然二人对此一一辩驳，但这些质疑是客观存在的。面对"众人皆醉"的混沌局面，张肇元等不及广泛求同，决定哪怕是孤身一人、散尽家财，也要玉成此事。林文在介绍张肇元决计用事时说：

> 张君遂毅然以筑台任，且恐阻好义者之相忤也，置簿以问同人，唯我同人思之。

这里使用"毅然"一词，可以看出张肇元当年只身"筑台"的艰难。当然，众志成城的道理他一定明白，做出决定后，他仍寄希望于"同人"的帮助，"置簿"问计于大家，实际上是寻求联名举事，希望更多"同处漏舟"的"不期而合者"加入。

其次是解决"怎么修"的问题。虽然有人提出修台是"公事"，但从现实来看，显然没有得到"公家"的足够重视。林、张二人行文时所处的时代是顺治初年，此时清军入关不久，整个国家干戈方息，处于百废待兴的起步阶段。对于小邑霍邱而言，二十（林文说"三十"）年间，屡经战火，生灵涂炭，无论是地方赋税还是百姓收入，都与"富足"相去甚远，因此无论"公家"抑或"私人"，都不具备大修大建的物质条件，这一点在两人文章中均有体现。林冲霄在介绍张肇元捐资修台的境地时说：

> 当此寇魃继虐之余，家且平菽不饱，而割糈以劝鼛鼓，此岂为臆说而然乎？

从这句话不难看出，此次重建实在是张肇元为了改变小城"风水"，凭一己之力，勒紧裤腰带强以为之，这正是他令人感佩的高尚的人格精神之所在：面对"兴霍振霍"的百年大计，只要关乎百姓生灵，而非小我的安康自适，个人清苦不值一提，哪怕忍饥"割糈"也在所不惜。

虽然两文皆未提及重修的细节，但从其侧面描述中，大概可以看出是相当顺利的。在"大工方举"之时，上头恰好调来了出身于"名邦甲第"的新知县，这令林冲霄非常振奋：有贤明的父母官做宰，加之修台后霍邱城整体"元气"的扭转，再加之多年动荡后的人心思定，天时、地利、人和渐次具备，何愁霍邱不兴焉？

两人在文章结尾处不约而同地畅想了看花台修成后的"霍邱新貌"：林文期冀再现明神宗时"文献颉颃，江南世家，大族相望，四民咸熙熙乐业"的兴盛景象，张文似乎说得更具体，描绘的"愿景"也更富有诗意：

> 内典云：胜因菩萨坐莲花座，诸菩萨皆坐花须，此即春台极乐之说也。台果成，蒂完花灿，贤县主稳坐花城，有丰泽以沃其根，宽政以养其候，抚摩呵护以长其枝叶，而再去其残，搜蠹以除妒花之风雨，行见三十七里，尽在春风烂漫中矣。河阳何得独芬人口哉？

你看，既然霍邱城如莲花一朵，看花台是其亭亭之蒂，那么待花台修成，"蒂完花灿"之时，有膏腴脂肥的鱼米之乡的厚"家底"，有宽政爱民的贤县主，春风轻拂，登台四望，目之所及，三十七里道途，一路春花烂漫……

时至今日，看花台早已名实俱亡，连同"莲花之蒂"的传说，湮没在寂静无声的历史长河中。古代乡贤夯基筑台，置亭其上，不仅是为了看十里长堤、一春芳菲，还寄寓了兴霍振霍之心、关怀苍生之志，以及对民安政贤的朴素愿望。

奎楼兴建始末

　　风水，作为一个古老的话题，或者说"学问"，与百姓的生活息息相关。就中国传统建筑而言，无论官修还是民建，其选址、布局、朝向甚至动工时间、启用时辰，都离不开风水的参与和考量。

　　霍邱城自不例外。城内原有一座特殊的"高层"建筑，因风水而兴，关乎古城知识阶层的整体"文运"，那就是奎楼。

　　"奎"即奎宿，乃二十八宿之一，西方白虎七宿之首。奎宿含星十六颗，形似文字，古人认为它主管天下文章、文运、文道，于是附会为神，称作"魁星"，奎楼也因此被称作"魁星楼"，被视为古城的"文峰"，受到知识阶层的崇敬与钟爱。

　　奎楼在中国古代城市中并不鲜见，其选址却各不相同，大多依文庙而立，与其形成整体风貌。霍邱奎楼的选址充分发挥了风水的"相地"功能，体现了先贤的卓识与智慧。

　　顺治十三年（1656），霍邱奎楼在原有基础上修缮一新，教谕沈德舆作《重建奎楼小引》以记之。文中他列举了重修的三条理由，突出了奎楼之于霍邱的重要意义。

　　首先，霍邱本乃钟灵毓秀之地，"其人文之秀杰者，代不乏产"，但"近几十年"却"寂无一闻"，这并非当地不出人才，只是受到某种"压抑"，就好比厚实的地基，其下郁结过甚，"不得风水之力以振之"。

　　其次，霍邱学宫经历明末兵燹业已倾圮，故而"文运"不昌，知县戴治盛对此"心痛不已"，决计捐俸修缮。眼下大成殿、戟门即将竣工，这是扭转"文运"的大好时机，"头目既整，肘腋宜全"，作为文庙的重要附属建筑，奎楼的重建可谓水到渠成。

　　再者，他山之石可以攻玉，他乡善政诚可借鉴。沈德舆是吴人，他列举了其故乡长洲（旧为苏州辖县）的两桩"奇事"，以说明风水对于地方"文运"的重要：一是在尊经阁后建道山亭，"突兀如孤峰落星"，该亭建成当年就有申文定、王文肃两人皇榜高中，人称"龙虎榜"；二是在东城创置杰阁，甫一落成，就有文湛持、陈明卿二人"并跻鼎甲，天下荣之"。由于主政者对风水足够重视，长洲成为名副其实的"江南科举之乡"，"科第蝉联，长洲为最"。沈德舆坚定地认为，这两桩"奇事"并非偶然，"皆风水之力居多"，霍邱"久抑之后必有大伸"，奎楼建成后，如英特茂异、出类拔萃的人才仍"受困"而不得彰显，"余不信也"。

在文中，沈德舆还提到了奎楼的选址问题。虽是重建，但与先前的遗址并不完全重合，在"经营位置"上沈氏出力最多，严格遵循风水的基本规则。

沈德舆认为："昔者庖羲氏画八卦取象于巽、坎，此风水之义所由肇也。"巽和坎皆为八卦之一，分别代表风和水，所以谈风水、看风水、造风水、用风水，都离不开对巽、坎的理解与运用。霍邱文庙坐北朝南，在方位上对应为坐"坎"而面"离"，如果要接引天风，就必须在其"巽"位，也就是东南角上做文章，这便是奎楼选址的基本依据。

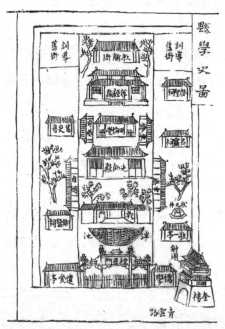

康熙《霍丘县志》所示奎楼，在学宫东南的"巽"位营建

　　俗话说："果子好吃树难栽。"这座关乎一城"文运"的建筑，从顺治丙申（1656）奠基，到康熙癸卯（1663）落成，足足用了七年时间。奎楼竣工后，沈德舆兴奋难掩，连赋四诗以纪其事，其第四首云：

> 楼高上逼斗牛寒，不羡西京赋井干。
>
> 韦杜去天原尺五，文章名世重敦盘。
>
> 窗间水影明如练，槛外山光秀可餐。
>
> 他日凤凰池上客，新题应遍五云端。

首联开门见山，形容奎楼之高耸入云，直逼斗、牛，即便是东汉张衡《西京赋》中"神明崛其特起，井干叠而百增"的场景，也不足为羡。颔联借用东汉辛氏《三秦记》中"城南韦杜，去天五尺"的典故，复言奎楼之高峻。"敦盘"乃玉敦与珠盘的合称，是天子会盟诸侯的礼器，此句表达了对在"奎星"照耀下，古邑霍邱崇文重礼、人才辈出的良好祝愿。末两句情景交融，遥想登楼后所见的山光水色，其中"凤凰池"为长安城曲江禁苑中的池沼，"一座曲江池，半部全唐诗"，那里曾留下数不尽的新科进士的题咏，作者借此激励霍邱士子提振心怀，早日夺魁，勉成国器。

　　古代建筑或许各有其宿命，有些遗世孑存，在时光中发酵，酿成香醇的美酒，但对大多数建筑而言，时光是其最严苛的敌人，终被消磨殆尽。从文献记载来看，这座经营七年，"画栋飞云，纱窗宿斗，占巽峰之秀"的奎楼，并未使用多久便失修毁圮，到嘉庆二年（1797）已彻底荒废。

　　也就是在这一年，霍邱城迎来一位叫左杏庄的知县。到任后，他深感"文庙狭陋"，于是发动士绅殷富者更张扩大，并在县城东南隅"相度地势"，"命建奎阁，以树文峰"。可惜的是，这项工程方才奠基，左知县便被调离，修筑计划被迫搁浅。

　　嘉庆二十年（1815）秋，张琮出任霍邱知县。查阅旧志后，他发现在学署（文庙）东南原建有奎楼，但已"久废"。通过实地考察，他找到"颓垣一方"，打听得知那正是十八年前左知县尹霍时所建的奎楼旧基。他感慨在这十八年间，虽然屡有重建的倡议，无奈"工大费巨"，其事难遂，到自己时也并不具备重建的条件，于是赋诗为志，以申"属望之意"，这首诗叫《睹奎楼废止有感并序》：

前贤杰构渺难寻，基址颓然感不禁。

未必科名凭地力，要将培植励人心。

三年蓄艾求何晚，一篑为山望最深。

伫待飞甍光射斗，群英勃崒蔚儒林。

对于奎楼的毁圮，作者感慨良深：在颔联中，他一改前人将科名系于"地力"，即"风水"的看法，直言建造奎楼的真正意义是通过形式上的供奉、祭祀"奎星"，以及功能上的引导士绅特别是青年人登楼眺望，亲身感触周遭的棂星门、泮池、戟门、先师殿、明伦堂、尊经阁、忠义祠、乡贤祠、名宦祠、崇圣祠等建筑，使士子深受儒学的熏陶，勉力向学，从而达到"植励人心"的目的，其象征意义远大于实用价值。

道光十一年（1831），刘廷槐赴任霍邱。这位精力与魄力俱足的年轻知县，"入境之初"便"首察其地舆形势"，提出了充满个性色彩的"名都三要论"。

在他看来，举凡名都钜邑，其形成往往兼具三个条件：形胜、人文和风俗。其中风俗的"醇浇"关乎人文的"荣悴"，人文的"荣悴"又取决于形胜的有无，这无疑将形胜，也就是风水悬置于影响和决定人文、风俗的至为重要的地位，与张琼知县诗中"未必科名凭地力"的观点大相径庭。

刘廷槐将他经过一番"调研"后初步感知的霍邱现状与"三要"逐一比对：形胜上，虽说"山环西南、水绕东北"，但毕竟距离县城较远，难以接引，乃至"气漫漶不聚"；人文上，穷经之士不少，但"甲榜寥然"，没出过独占鳌头、出类拔萃的人才；风俗上，"善良固多"，但良莠不齐。导致这些现状的根本因素是什么？刘廷槐说："无他故，形胜多缺，人文风俗俱因之不振也。"显然，他把霍邱古邑成不了"名邦"的账，完全记在了"形胜"的头上。

在《霍邑鼎建奎阁碑记》中，他进一步谈道，所谓"形胜"大致包含先天和后天两种，前者是山水景观，即"自然风水"，这是天造地设的，"非人力所谓为"，和众多依山傍水的古城相比，霍邱显然不占优势；后者则取决于人力的"培植"，说白了，就是人工所能及的建筑及其布局，即"人文风水"，对于一县来说，其"枢纽"莫过于学宫（文庙）。在刘知县眼里，霍邱学宫的选址并不理想，原因是县城整体西高东低，学宫居于县城之东，"地势卑下"，又因淮水离城较远，以致"水不能交"。不仅如此，他还特别谈道，学宫之外应有奎阁，但霍邱"阙如"，以致文星"失曜"。地卑、水远、风弱、曜失，种种之不利，如何能出现"人文之蔚起"的宏大气象？

接下来，这位个性十足的"名都三要论"者，决计以重建奎楼为突破口，彻底扭转影响霍邱"文运"的不利因素，完成左杏庄知县未尽的"事业"。他广泛搜求，找来禀膳生刘杞——一位颇有名气的乡绅，其祖父刘遼在嘉庆年间花费两千余资购买两块庄田，各二百亩，一块捐给儒学，一块捐给翠峰书院（霍邱地方书院，详见本书《翠峰书院钩沉》），受到有司的旌表，授予其"慕义培文"的牌匾；他的父亲刘瀚也是好义乐捐之士。刘廷槐授命刘杞全权负责工事，在城东南的原址上重建奎阁。

刘杞受命后于道光十年（1830）十月正式开工，次年八月告竣。刘廷槐在介绍奎阁落成时，详述了它的造型：

> 阁基凡六隅，隅各二寻有四尺，高与隍齐。阁凡三级，去地五丈有奇，周围广袤十一丈，下阔上锐，若浮图然，象文峰也，而东南之形势壮矣！

文中记载的这座建筑有六角基座，为三层宝阁，逐层收锐，形若浮图，属于典型的佛塔式建筑，这和同治《霍邱县志》中《图考》所示的三重、四面、攒尖顶式结构不尽相同，后者之所以出现偏差，大概由于绘制时奎楼已经损毁（下边右图标示的奎楼左侧有"今毁"字样）。

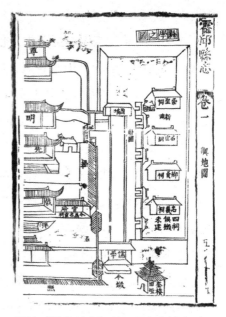

江苏高邮奎星阁（造型与霍邱的相似）　　同治《霍邱县志》所示霍邱奎楼造型

从沈德舆到左杏庄再到刘廷槐，近两百年间，多位地方官和数不清的士绅百姓为霍邱奎楼的建设倾注心力，其目的都是激励士子，亨通"文运"。

现如今，奎楼早已片瓦无存，其遗址也已为众多的现代建筑所掩藏，再难现昔日的风光。莘莘学子虽无文峰登览、奎星庇佑，却志坚行苦、自强不息，一年又一年、一代又一代勇敢地走出小城，走向更为广阔的新天地。

翠峰书院钩沉

乾隆二十二年（1757），直隶南皮县（今河北省沧州市辖县）的举人刘吉辞别双亲，风尘仆仆赶往千里之外的小邑霍邱，出任知县一职。一路上，他闭目沉思，静心擘画，打算在遥远的异乡施展一番作为。

到邑后，刘知县几乎顾不上车马劳顿便开始四处走访。几经思量，他决定以兴学作为"发力点"——具体地说，是打算新建一座书院，让更多的读书人有求学之所、问学之地。

刘知县的动议新颖且富有挑战，要知道，以往的知县大人到任后的"第一把火"，不是修县志就是修文庙，总之都是上头褒扬、下面"拥护"的简单易行又便于记诵功德的"巧宗儿"。不过，城内两座最有名的历史建筑——文庙和城隍庙，都被前任知县丁恕在六年前，也就是乾隆十六年（1751）修葺一新，再修，恐怕就不是明智之举了。

刘知县的动议并非无本之木。"书院"萌芽于唐，完备于宋，废止于清，有着千余年的历史，对我国封建社会的教育与文化发展产生了重要影响。书院有官办和私办之分，开办目的大多是培养学生参加科举考试，有些则是开展纯粹的讲学研习，譬如东林书院，在明朝多为统治者禁毁。到了清朝，书院逐渐转向官办，也就是所谓"官学化"。顺治九年（1652），朝廷明令禁止私创书院。雍正十一年（1733），各省城相继开设官办书院，其后府、州、县亦渐次创办。乾隆年间，官办书院剧增，绝大多数成为科举预备学校。刘知县的想法，就是在这样的背景下产生的。

天有不测风云。就在他着手筹备之时，江苏清河、山西汾阳、山东济宁、河南鄢陵、甘肃碾伯、福建龙岩以及安徽宿州等数十州县发生洪涝灾害，霍邱灾情严峻。[1] 此时的乾隆皇帝正在巡幸江南，途中要求各地严阵以待，全

---

① 赵尔巽等撰：《清史稿》，中华书局，1977年，第438页。

力赈灾，于是抗洪修堤自然成了刘知县上任后的头等大事。没想到这一忙，就是三年。

三年后，刘知县终于腾出手来，决计重拾旧梦。不过，时移世易，付诸实施之前，他必须回答三个问题：

其一，水灾方息，筹建书院是否是当务之急？

其二，新建一座书院，耗资巨大，钱从何来？

其三，如何保障书院的持续运转？

乾隆二十五年（1760），书院正式落成，刘吉亲撰《书院碑记》，道出了当初的顾虑与考量：

首先，书院是学校（即学宫、县学）的重要补充，"学校之制详矣"，但书院可以"补学校所不逮"。他举例说，比如对于"畸邪诡异""舍业以嬉"者，也就是今天所说的学风不正、嬉戏玩耍以致荒弃学业者，学校"势疏而力有不给"，缺乏有效管理手段，但书院却不同，可以令其"应时立改"，并且"功效较密"，因此"其教易行"。

其次，从周边的形式，特别是从"三四十年来新建"的颍州西湖书院、蔡津书院，亳州柳湖书院看来，"士子沐其泽，教者亦彬郁可观"，从而"气象为之一变"，这无疑"倒逼"霍邱文教的发展，也为书院的建设提供了很好的借鉴。

再次，霍邱独特的地理位置、人口条件和文化积淀，决定了不能在建书院这件"大事"上甘居人后，更不能"因循苟且"。他在文中特别提到，霍邱素有良好的尊师重教传统，"其父兄，亦能择师教子，虽厚币，不遑恤"。

最后，关于筹款，他深知这项工程"其费至钜"，个人力量微乎其微，"不得不赖众力以襄其事"，于是带头"捐俸廉若干"，士绅百姓"踊跃"捐输。

在刘知县的倡导下，霍邱书院的建设很快有了"突破性"进展：

其一，不到两个月，募集善款"五千五百金"；

其二，用这些钱购买了南城"张氏故宅"，并对其进行修葺；

其三，将"张氏故宅"中"三楹"（即三间）辟为讲堂，其余作为学舍，又增置房屋数十间，如此便能达到容纳"数十人"的规模；

其四，置产一顷二十亩，将其每年收成作为师生的"薪水膏火"，从而保证书院"历久而无替"，长盛而不衰。

从碑记看，这座书院于"庚辰"，即乾隆二十五年（1760）动工，次年告竣，至此，刘知县持续四年的"书院梦"终于实现。

书院建成不久，刘吉被调离霍邱，由张为舟接任，其后书院的运转逐渐出现问题，突出表现在经费不足上：一方面，聘任的教师薪水没有着落；另一方面，学生"膏火未赡"，衣食堪忧，无法潜心向学。这些都是刘知县始料未及的。

经费短缺的问题愈演愈烈，在张为舟履职期间，未见丝毫起色。一年后，也就是乾隆二十七年（1762），四川洛县的进士丁文灿接任知县，同时接手了这个令人头疼的"烂摊子"。乾隆三十二年（1767），眼看书院难以为继，他果断出手，捐俸筹款，一时间募得善款一千四百八十六两，其中划出五百八十六两用于修缮城隍庙、演武厅，剩下的银两用来解决书院问题。

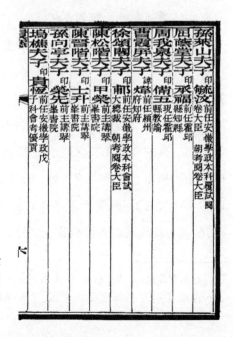

光绪甲午恩科（1894）霍邱籍进士李灼华朱卷履历中，载有其受业师陈松阶夫子、陈晋阶夫子、孙向亭夫子，俱为前翠峰书院主讲

从丁文灿所作的《书院碑记》看，这剩下的九百两银并非直接用于接济师生，而是"添买良田"。考虑到持续运转，他将良田岁收用于师生开销，同时三河尖的"斗行"，也就是粮食商行，每年又捐银一百二十缗，这些收入合并用以添补师生薪膏。此外，丁知县还规定每岁必须统计并"条列"一年的钱款出入情况，确保继任者一目了然。

光绪二十四年（1898）五月，随着朝廷颁布"以省书院为高等学，郡书院为中等学，州、县书院为小学"[①] 的诏令，全国的书院走到了历史的尽头。光绪三十二年（1906），霍邱高等小学堂（霍邱第一小学的前身）正式落成[②]，霍邱书院正式完成其历史使命。

以上我们简单回顾了霍邱书院的兴衰历程，不知好奇的读者是否注意到，对于这座历史建筑，刘、丁二人的碑记中均以"书院"或"霍邑书院"代称，那么它是否有正式的名字？

翻开同治《霍邱县志》卷十《人物志》，在其"好义"条下载有姚起灏、何淳两位"义士"，其文曰：

> 邑中"翠峰书院"，前时未有，灏首倡乐输，购地建造，俾誉髦之士，弦诵有所，灏之力也。
>
> 邑中始建"翠峰书院"，经费未充，淳首捐田以助膏火。

这两则材料共同指向邑中的"翠峰书院"，这是否就是刘吉知县倡建的书院？

首先，《人物志》对"义士"的介绍是按时间顺序排列的，从前后文看，姚、何二人的"好义"事迹恰好发生在乾隆年间；其次，该卷在介绍姚起灏时，除了捐助"翠峰书院"外，还言及另外三件有明确纪年的善举，包括乾隆六年（1741）、乾隆十五年（1750）为霍邱水灾捐款，以及乾隆二十九年（1764）为霍邱城垣大修捐款，此外，诸如修缮文庙、武庙、城隍庙等，他都

---

① 赵尔巽等撰：《清史稿》，中华书局，1977年，第923页。
② 霍邱县地方志编纂委员会编：《霍邱县志》，中国广播电视出版社，1992年，第691页。

曾慷慨解囊。如前所述，霍邱书院的竣工时间是乾隆二十六年（1761），这正是姚起灏积极参与各种募捐活动的时间范围，因此他"首倡乐输"的"翠峰书院"应该就是霍邱书院，和何淳"捐田以助膏火"的书院相同。从现有资料看，这也应是当时霍邱城内唯一的官办书院。

同治《霍邱县志》卷四《学校志》载有"书院"一节，其文曰：

> （书院）在南城大街，大门三间，额曰"翠峰书院"，二门一间，门房四间，讲堂三间，川堂三间，后堂一间，后厅三间又二间，厨房三间，其学舍数十间，久圮，系乾隆二十六年刘任购张姓故宅创建，自经兵燹，倾圮过半，杨任暨陆任先后修葺，又添盖草屋十余间。

这段文字印证了前文对"翠峰书院"名称的推测，同时也反映出在刘吉、丁文灿之后，又有杨（式荣）、陆（鼎教）二知县在同治年间对其接续修葺。至此，消失殆尽的"翠峰书院"，终于重返我们的视野，鲜活在对古城历史图卷的整体记忆中。

北宋"霍漂"韩仲孚先生

霍邱好，风景旧曾谙。

要说霍邱风景有多好，多么令人流连忘返，除了听霍邱人自说自话之外，恐怕还要听听外地朋友甚至是古人的意见。

北宋政和三年（1113），六十四岁的"外地人"韩仲孚病逝霍邱，长眠斯土。若干年前，他云游江淮，爱上霍邱这片迷人的土地，决计在此安身立命，直至终老。明代正德年间，有百姓掘得韩仲孚的墓志铭①，后人遂有机会了解这位沉睡千年的"霍漂"名士。

韩仲孚名潭，仲孚乃其字也，定陶（今属山东菏泽市）人。其曾祖韩浚，赠大理寺丞；祖父韩道，官至殿中丞；父韩辑，不仕。

韩仲孚墓志铭之所以特殊，是因为碑文乃为其自撰。他在碑文末尾说：

> 尝观唐人白乐天、杜牧之将启手足，皆自铭其墓，愚斯人之不及也，姑叙平生，以贻后世。

文中列举的两位唐人，其墓志铭的撰写都很有故事。白居易的墓志铭可以适当回溯，从杜甫和元稹说起：杜甫的墓志铭《唐故工部员外郎杜君墓系铭》出自元稹之手，但元稹并未见过杜甫，执笔是受了杜甫之孙杜嗣业的恳托。这篇著名的墓志铭可谓杜、元二人关乎诗学的隔世对话，其中元稹对杜诗"尽得古今之体势，而兼人人之所独专"的风格凝练，以及将"李杜"并称又毫不掩饰地褒杜抑李的个性品评，把杜诗的历史地位推向前所未有的高

---

① 万历《霍丘县志》第三册《建置》："韩潭墓：县东北隅，明正德间，民有掘得潭自作墓志铭碑。"

度。元稹的墓志铭《唐故武昌军节度处置等使正议大夫检校户部尚书鄂州刺史兼御史大夫赐紫金鱼袋赠尚书右仆射河南元公墓志铭》为白居易所撰，白在《修香山寺记》中说，元稹临终之际，将作铭的重任托付予己，元稹死后，其家人又把"臧获（奴婢）、舆马、绫帛、银鞍、玉带"等价值"六七十万"的物品作为"润格"相赠，自己"念平生分，文不当辞，贽不当纳"，为其作铭。这两例反映出唐人对墓志铭的重视，反言之，墓志铭对于唐人特别是知识阶层的重要性也就不言而喻了。那么，白居易的墓志铭由谁来作？谁才有资格为用诗句化解"长安米贵，居大不易"的尴尬，凭借生花妙笔推动轰轰烈烈的新乐府运动，作品传唱大江南北，以至于"童子解吟长恨曲，胡儿能唱琵琶篇"的白乐天撰写墓志？这个问题颇费其思量，他先是自作墓志铭，也即《醉吟先生墓志铭》，此文虽被今人疑为伪作，但至少在北宋韩仲孚的印象中，这是白居易自己动笔写的。最终，他决定将"重任"交由李商隐，乃有传世的《刑部尚书致仕赠尚书右仆射太原白公墓碑铭》。杜牧的墓志铭同样出自自家手笔，他一改传统的近乎约定俗成的碑铭写法，用近一半篇幅描写他曾做过的关于死亡的梦，以及种种关于死亡的征兆，堪称奇文。

　　韩仲孚在墓志铭中说，他自撰墓志铭，当然不能和白、杜相提并论，仅仅是记述平生罢了——这是谦虚的说法。实际上，自铭犹如自画像，自己最明白自己的"神韵"究竟在哪儿。寥寥几笔，他便将一个潇洒自适、隐逸求真的"高士"形象呈现在后人眼前。

　　墓志首先谈及了自己的好学、博学，其文曰：

> 漂幼而颖悟，喜读书，日诵千言，既长，益坚燃膏继晷，浩然有凌云之志。六经诸子，历代史牒，无不研究，往往手自编录，至于阴阳卜筮，人伦医术，天文地理，然虽所长，率皆涉猎。

这段文字，一方面可见作者的学识渊博，另一方面，他焚膏继晷，通过苦读涵养"浩然之气"，激发"凌云之志"，体现了作者曾经积极用世的态度。及长，韩仲孚辞亲离乡，漫游梁、宋、陈、蔡，自颍渡淮，当踏上"寿州之霍邱"这片土地后，他"爱其淮水之盛，遂卜居焉"，这是作者对霍邱的最初印象——宽广浩瀚的淮水，令他心潮荡漾，于是决定驻足停歇。没想到这一停，就是一辈子。

汉末"建安七子"之一的王璨在《登楼赋》中说："虽信美而非吾土兮，曾何足以少留。"对于大多数人而言，若非江南好，若非长安贵，谁愿如秋蓬般散落他乡？不过，当一切慢慢变得熟悉乃至习惯，他乡便是故乡，只是那客子的情愫往往会在特殊的时节被激发，就如同钱塘江潮，总是在中秋月明，照见万姓团圆的脉脉温情之后突然地喷珠溅玉，声势骇人。真正让韩仲孚静心思考人生归宿——生之栖息与死之长眠问题的，是其长子的早逝。

韩仲孚定居霍邱后，娶了当地姑娘高氏，而后育有两子四女。长子韩世隆，"有父行而早夭"。"父行"如何？接下来会细说。总之，韩仲孚痛失爱子，加之他的兄弟也多客死他乡，这就决定了不可能将故去的亲人，当然也包括将来的自己——归葬故乡定陶。经过认真思考，他在"蓼城之间"择一吉地，埋葬了长子，又独自返回定陶，将其祖父母的尸骨接来霍邱安葬。

如果说青年时期的韩仲孚在漫游途中选择霍邱歇脚，是他面对悠悠淮水、粼粼波光所产生的虚幻又新奇的感性冲动，那么葬子于斯并回乡迁坟，则是他居霍多年，熟稔当地风物后所做出的审慎理性的抉择。

死生是人类的终点和起点，同时也是人生道途的难点和泪点。解决了"死"的问题，那么如何"生"也就豁然开朗了。几经斟酌，他在"松楸之外"，也就是其家族坟茔附近开辟了一片隙地，"盛栽花木，疏灌池沼，起堂虚厂"，将新居装点得生趣盎然。

在这自在的新居里，他的生活"有博有弈，有琴有书"，自然少不了朋友间的樽酒之欢。乡愁的淡扫、心结的纾解，加之环境的陶冶，让他更加清晰地认识到自己的性格特征与人生旨趣——"荣利淡入，为性坦率，不善办事，唯耽于吟咏，率尔而成"。

吟咏大概是作者最大的爱好了。他一生作诗千余篇，编为十卷，称《南翔类稿》；作词百余首，分两卷，号《安乐杂编》。从书名中"南翔"与"安乐"二字，不难看出作者的人生轨迹与幽居心态。此外，他还撰有《启文论》

三卷，特别强调将之"藏于家"，不期为世所知。这些综合起来，大概就是前文所说的"父行"。

既然能诗善文，又自幼博学，作者为何不去参加科举，求取功名呢？实际上，他并非没有"凌云之志"下的实际行动，只是"一生困于场屋，蹉跎已老"。北宋政和二年（1112）春，有司恩授他"荣州文学"一职，随即又授其"将仕郎"，调延州延县主簿，但韩仲孚均未赴任。

面对迟来的"恩授"，韩仲孚为何选择放弃？实际上，这些官职，或者说职位，都是相当低微的："荣州文学"在《安徽通志》卷二百六十五中记作"荣州学博"①，其意相通，大抵是府郡中教授五经的学官，并无品阶；"将仕郎"在唐宋时期被定为文散官二十九阶的最低一阶，从九品下；"主簿"和"县臣"都是知县的"佐贰"（辅佐人员）。这些职务都不是六十三岁年纪的韩仲孚所欲为、所能为的。就在被恩授"荣州文学"的次年，韩仲孚溘然病逝。

政和三年（1113）孟夏，身染重疴的韩仲孚自感来日无多，于是自作墓志。他在铭文末尾说：

> 一官兮虽被乎圣泽，寸禄兮不沾乎君恩。淮水之上兮隐隐乎冈峦之缭绕，蓼城之隅兮郁郁乎松柏之氤氲，其安于斯，何憾之云？

这位未谋一官、不沾寸禄的北宋"霍漂"，就这样结束了诗酒生涯，平静无憾地安眠于长淮之畔。

韩仲孚病笃期间，霍邱邑中士大夫，以至田翁野老、家人妇子前来探视者"填塞门巷"，令韩仲孚难以割舍的，又岂止是淮水、蓼城的醉人风光呢？

---

① ［清］何治基等撰：《安徽通志》，华文书局，1967年，第668页。

南宋"忠烈"公牛富

"武林至尊，宝刀屠龙。号令天下，莫敢不从。倚天不出，谁与争锋……"

喜好武侠的朋友大概对《倚天屠龙记》中这句经典台词及其背后的故事不会陌生：大侠郭靖苦守襄樊城，他与黄蓉寻托匠人铸造"倚天剑"和"屠龙刀"，暗藏武功秘籍于其中，寄望后来者以此复国。城破之时，二人双双殉国，以身践行"侠之大者，为国为民"的高尚情操。

这虽是金庸先生笔下的经典篇章，但历史上的"襄阳之战"却确有其事。这场攸关宋、元王朝更迭的著名战争相持多年，其中重要人物就有我们的乡贤——时任侍卫马军司统制的牛富。追忆他的不朽功勋，自然要从这场战争说起。

1271 年，忽必烈改"大蒙古"国号为"大元"，次年迁都大都（今北京），随即举兵南下，一改由西路四川为主战场的传统战术，取道中路，从湖北襄阳突破。襄阳地势险要，跨连荆豫，控扼南北，自古乃兵家必争之地。襄阳和樊城南北对峙，夹汉水互为依存，顷刻间成为宋元大战的焦点。

1273 年正月，元军调集精锐，突然大举进攻樊城。在此之前，牛富已戍守襄阳五年，刚刚移守樊城。他智勇双全，战功赫赫，多次通过"射书"这一特殊手段，与隔水相望的襄阳守将吕文焕交通信息，互为策应。

战斗打响后，元将阿里海涯调来由西域兵器专家阿老瓦丁和亦思马因改良的"回回炮"猛轰樊城，城内军民死伤惨重。守将范天顺誓死不降，《宋史纪事本末》卷二十七说他"仰天叹曰：'生为宋臣，死为宋鬼'，即所守地缢死"①。牛富率领士兵坚持巷战，身受重伤，赴火而亡。《宋史》卷四百

---

① ［明］冯琦原编：《宋史纪事本末》，中华书局，1955 年，第 896 页。

五十《牛富传》详细记录了这一悲壮场景：

> 城破，富率死士百人巷战，死伤不可计，渴饮血水。转战前，遇民居烧绝街道，身被重伤，以头触柱赴火死……裨将王福见富死，叹曰："将军死国事，吾岂宜独生！"亦赴火死。①

牛富就义后，与樊城成掎角之势的襄阳城外无援兵，内乏粮草，士气低落。此时，元军使人劝降，守城将军吕文焕举城降元，标志着襄阳之战正式结束。从此，江汉平原门户洞开，蒙古铁蹄随时可以渡江南下，直取临安。

回顾先贤牛富身处的时代和经历的战斗，大致可以用三个"不幸"与三个"幸"来概括：

一是不幸遇昏君。作为武将，牛富所效忠的正是历史上"赫赫有名"的昏君宋度宗赵禥。他在位十年，孱弱无能，在蒙古军队大举南下，国难当头之际，他却将军国大权交与奸臣贾似道，自己晏坐后宫，终日饮酒作乐。据《续资治通鉴》之《宋纪》卷一百八十载："帝自为太子，以好内闻；既立，耽于酒色。故事，嫔妾进御，晨诣合门谢恩，主者书其月日。及帝之初，一日谢恩者三十余人。"② 如此荒淫无度，使得偏安江南的南宋暗无天日，诚如王夫之在《宋论》中所言："度宗以柔选无骨，貌似仁孝，宵小以此惑上，幸其得立，而居门生天子之功也。"③ 这些，都是牛富所面对且必须接受的政治现实。

二是不幸遇劲敌。战争的胜负，排除极少的偶然因素外，几乎都是战略和战术的胜负。蒙古兵的骁勇善战自不必说，单从这场战争来看，其在军事谋划上表现出了明显的"先手棋"特征。

在战略上，咸淳三年（1267）十一月，南宋降将刘整向忽必烈进献灭宋方略，认为南宋"无襄则无淮，无淮则江南唾手可下也"④，因此宜"先攻襄

---

① ［元］脱脱等撰：《宋史》，中华书局，1977年，第13250页。
② ［清］毕沅编著：《续资治通鉴》，中华书局，1979年，第4927页。
③ ［清］王夫之著；舒士彦点校：《宋论》，中华书局，1964年，第256页。
④ ［宋］周密撰；吴企明点校：《癸辛杂识》，上海古籍出版社，2004年，第306页。

阳，撤其捍蔽"①。这一重要军事战略为刚刚北归夺取汗位，有意吞并天下的忽必烈所采纳，并力排众议，开展了长达六年的"围点打援"的谋篇布局。襄阳之战前夕，宋军已长期被困，兵萎粮尽，全无战力。

在战术上，襄阳、樊城互为犄角，如何创造性地开展进攻，考验了以铁蹄战马为优长的蒙古军队。《宋史纪事本末》卷二十七载：

> 破外郭，张弘范为流矢中其肘，束创见阿术曰：襄在江南，樊在江北，我陆攻樊，则襄出舟师来救，终不可取，若截江道，断援兵，水陆夹攻，则樊破而襄亦下矣。阿术从之。②

可以说，在襄阳之战的高潮——樊城之战还未正式打响之前，忽必烈的爱将张弘范就已制定了"截江道，断援兵，水陆夹攻"的详备战术，并得到征南都元帅阿术的采纳。

原先，襄阳守将吕文焕纵大木于江中，用铁索相互牵连，其上建浮桥，用以运输援兵，这样就能与樊城协同防卫。阿术采纳建议后，锯江木，斩铁索，烧浮桥，截断汉水，使得猛攻樊城时襄阳兵无法出城施救。不得不说，无论在战略上还是在战术上，元军都占了上风，而牛富的战败，只是元军分步实施、稳扎稳打的必然结果。

三是不幸遇佞臣。当元军入侵之时，南宋朝廷中把持权柄的是贾似道。此人在《宋史》中被列入《奸臣传》，历史上对他的评价几乎是一片斥责。近年来，颇有些学者和文史爱好者为其鸣冤，但基本是局部放大，断章取义，这里我们不做讨论，仅从这场战争，或者更准确地说，仅由攸关乡贤牛富及其所带领的樊城军的存亡而言，贾似道实乃罪责深重。《宋史》对贾似道在这场战争期间的行状多有记载：

其一，襄阳被围，贾似道却闲居杭州葛岭，"起楼阁亭榭，取宫人娼尼有

---

① ［明］宋濂等撰：《元史》，中华书局，1976年，第3786页。
② ［明］冯琦原编：《宋史纪事本末》，中华书局，1955年，第896页。

美色者为妾，日淫乐其中"①。

其二，多次上疏假称要赴边督战，私下却撺掇台谏官员上疏劝留。襄阳守将吕文焕告急，贾似道表面上恳请赴边巡视，背地里让监察御史陈坚进谏，提出"师臣（贾似道）出，顾襄未必能及淮，顾淮未必能及襄，不若居中以运天下为得"②的谬论，于是度宗同意在中书省设立"机速房"，由贾似道"坐镇"调度边防战事。襄阳战败后，贾似道厚颜无耻地说："臣起初多次请求到边境，先帝都不允许，如果早让臣赴边，应该不会落到如此地步。"

其三，在襄阳之战的决胜阶段，很多人提出应派高达前往救援，监察御史李旺率朝臣将此事正告贾似道，贾却说："如果我用高达，吕文焕怎么办？"言下之意，吕是其嫡系，不能轻易替换。李旺听后感叹道："吕氏的官位是保住了，但赵家的江山恐怕危险了。"吕文焕听说朝廷将派高达来救，很不高兴，竟然听从门客建议，谎报大捷，最终自酿苦果。

以上就是在这场战争打响前，牛富统制所面临的整体情势。面对诸多"不幸"，即便是所向披靡、忠勇无比的将官，其个人力量也是微乎其微的。

再看先贤牛富的"幸"——或许是不幸中的万幸。

一是诸军救襄阳。如前所述，面对蒙古精兵，襄阳和樊城坚守了近六年，这固然与两城盘山踞水、易守难攻的战略位置有关，但六年间朝廷曾多次调兵增援，并拨钱款"赐襄、郓屯戍将士"，也发挥了一定作用。其中还涌现出两淮都统张世杰、四川安抚制置使夏贵等著名将领，与元军展开多次激战。特别是夏贵，利用春季汉水暴涨之机，用战船将粮、衣等物资输送襄阳，给守军带来莫大鼓舞。《宋史》卷四百五十《牛富传》中说，牛富戍守襄阳五年，其后移守樊城，其间很少吃败仗，这与两淮和四川军"货真价实"的增援密不可分。

二是壮士死沙场。这或许算不上什么"幸"，但对于军人来说，却是必须直面的话题。牛富的战死有两个前提：首先，元军调集精锐猛攻樊城，势必将其拿下，所以战败甚至死战是必然结果；其次，在"以头触柱赴火死"之

---

① ［元］脱脱等撰：《宋史》，中华书局，1977 年，第 13784 页。
② 同上书，第 13785 页。

前，他已身负重伤，且"民居烧绝街道"，也就是说突围毫无希望，不存在保持实力东山再起的可能，于是，牛富选择以最壮烈的方式，掷身于熊熊烈焰之中。

三是功名垂青史。"功名"本是儒家思想，相对于生命而言，或许不值一提，但在那个朝政昏庸、奸臣当道的时代，距离牛富死后不久，朝廷就对其进行了两次追封，透露出些许令人慰藉的信号。《宋史》卷四十六《度宗本纪》载：

> 夏四月，诏褒襄城死节，右领卫将军范天顺赠静江军承宣使，右武大夫、马司统制牛富赠金州观察使，各官其二子承信郎，赐土田、金币恤其家。
>
> ……
>
> 六月，刑部尚书兼给事中陈宜中言，樊城之溃，牛富死节尤着，以职卑赠恤下范天顺一阶，未惬舆情。诏加赠富宁远军承宣使，仍赐土田、金币恤其家。①

如果说前一次追封，即按职级高低分别予范天顺、牛富以不同的"哀荣"，只是朝廷的例行公事，那么从后一次陈宜中的谏言，特别是其提到牛富虽较范天顺官低一阶，但"死节尤着"，在抵御外辱，誓保赵家天下的"大节"上不应有区别，否则"舆情"难"惬"的主张中，我们可以看到，襄阳战后，群臣激愤，纷纷上疏"请诛似道"，并要求加封牛富，是民心的抉择、正义的"审判"。

在牛富统制掷身火海后的第六年，陆秀夫背着卫王赵昺赴海而死，南宋灭亡。

牛富死后谥"忠烈"②，赐庙建康（今南京）。他的神将，也就是那位看到牛富殉难后，感慨"将军死国事，吾岂宜独生"，同样赴火而死的王富，也获

---

① ［元］脱脱等撰：《宋史》，中华书局，1977 年，第 912 页。

② 同上书，第 13250 页。

准从祀忠烈庙。

明嘉靖十年（1531）十月，霍邱县名宦乡贤祠在文庙西侧正式落成，御史、乡贤胡明善作《县名宦乡贤祠记》，其中言及牛富时，用了"刚毅昭戎，英烈尽瘁"八字，表达了邑人对先贤的深情缅怀和高度评价。

吾国历史，特别是军事史不会忘记襄阳之战。作为霍邱百姓，我们更不能忘记这位了不起的乡贤、杰出的南宋武将。

明代"忠节"御史曾翀

明代的霍邱可谓人才辈出，前后共产生十位进士，数量远超前朝。[①] 十人之中有三人因功高业伟入祀乡贤祠，三人之中又有一人于《明史》有传，这也是二十四史中为数不多的有独立传记的霍邱人，此人就是以直言敢谏著称的御史曾翀。

张廷玉《明史》卷二百九载：

> 曾翀，字习之，霍丘人。以进士授南京刑部主事，改御史。廷杖垂毙，曰："臣言已行，臣死何憾。"神色无变。隆庆初，赠太常少卿。[②]

这段简短的传记，介绍了曾翀的籍贯、仕宦特别是其遭遇廷杖并因之毙命的情况。他因何罹祸？又为何平反？文中都未细说。要深入了解这段历史，需要参看该书同卷的《薛宗铠传》，此外，清代万斯同的《明史》也有相应记载，可资参读。接下来，我们结合这两部史书，对"廷杖事件"的来龙去脉做个简要梳理。

嘉靖十四年（1535），曾翀、戴铣以御史身份弹劾南京兵部尚书刘龙、刑部聂贤侍郎、户部张云、刑部陈璋、工部甘为霖，以及大理卿王绖、太常卿洗光、祭酒吴惠、甘肃巡抚赵载等九人不职，遭到吏部尚书汪铉的反对。汪铉上疏，俱称九人之贤。嘉靖帝召见大学士李时问计[③]，而后君臣二人对九人

---

① 据万历《霍丘县志》第六册《甲科》，明代以前有确切记载的霍邱进士仅宋代韩德铭、吕祉两人。

② ［清］张廷玉等撰：《明史》，中华书局，1974年，第5523页。

③ 李时对此事的态度，不同文献记载略有差异：张廷玉《明史》言其"犹以惜才为解"，意即爱惜贤才，不赞成九人受罚；万斯同《明史》却云"（李时）言铉有私"，九人遂分别受到处理。

分别品评，并拿出"处理意见"：张云、甘为霖、赵载留任，聂贤、陈璋、洗光罢官，刘龙、王缜改任，汪铉也因"拒谏辜恩"①被罚夺俸。

事情到此并未了结。眼看汪铉一方失利，户科左给事中薛宗铠和同官孙应奎联名上疏，抓住汪铉作为吏部尚书的特殊身份，指责其"肆奸植党，擅主威福，巧庇龙等，上格明诏，下负公论……选授不公，纵二子为奸利"，希望圣上"乞亟罢斥，以昭圣断"②。嘉靖帝虽对汪铉心存不满，却未予处罚。汪铉也积极上疏辩解，并乞老还乡，然而遭到拒绝。

紧接着，给事中翁溥、何天启、沈继美、冯汝弼、潘子正，御史曹逵、王廷复等人乘势出击，上疏弹劾汪铉。汪铉百般抗辩，并且诋毁薛宗铠等挟私报复，要求将其下法司勘问。

山雨欲来风满楼。就在这异常敏感的时刻，御史曾翀情绪高涨，不顾劝阻再度上疏，矛头直指汪铉。张廷玉《明史》卷二百九《薛宗铠传》载：

> 翀复言："铉一经论劾，辄肆中伤，诤臣杜口已三年。蔽塞言路，罪莫大，乞立正厥辟。"③

曾翀的这一举动，无疑将"以一对多"的斗争形势直接推向不可调和的极端境地，结果龙颜震怒——要知道，在十一年前那场著名的"大礼议"事件中，嘉靖帝就已展现出强硬手腕：为了给自己的生父母正名，面对两百余位大臣跪请于左顺门，进而逼迫自己让步的复杂局面，他果断下令将四品以上官员八十六人停职待罪，五品以下官员一百三十四人下狱拷讯，而后因廷杖致死者达十六人……如今的嘉靖帝，面对这看似复杂的朝臣倾轧局面，早已成竹在胸，驾轻就熟。

曾翀的上疏导致两个严重后果：一是汪铉被罢官，二是自己和薛宗铠被

---

① ［清］万斯同撰：《明史》，见《续修四库全书》卷二百九十三，上海古籍出版社，2002年，第186页。

② 同上书，卷二百九十七，第245页。

③ ［清］张廷玉等撰：《明史》，中华书局，1974年，第5522页。

下狱鞫讯，进而遭受廷杖，双双死于非命。

如今回过头看，无论薛宗铠、曾翀的乘势上疏是否存有私心，是否过于意气用事，相较于汪鋐仅被罢官而言，杖责并因之毙命的处罚未免太过苛责，但嘉靖皇帝却有自己的处理原则：

其一，"责宗铠言不早"①。既然汪鋐如此不堪，作为御史的薛宗铠为何不早发现、早汇报？显然，这是"无厘头"的怪罪，是虚罪；

其二，"恶翀'诤臣杜口'语"②。曾翀情急之下没有把握好"对敌斗争"的方式方法，特别是上疏的语言分寸。大明王朝的赫赫天子，竟养痈畜疽，导致言路闭塞，且长达三年之久……毫无疑问，曾翀的用语太过直白，也太刺耳，龙颜震怒是必然，这是实罪。

那么，"诤臣杜口已三年"的说法，是曾翀情急之下的胡说八道吗？

回答这个问题，需要反观汪鋐的人生轨迹。

据万斯同《明史》卷二百九十三《汪鋐传》（因张廷玉《明史》中汪鋐无传，故用"万本"）记载，自嘉靖帝即位以来，汪鋐凭借灵活机变平步青云，至嘉靖十三年（1534），已身居吏部尚书兼兵部尚书，兼典文武选，总督启祥宫、神御阁诸大工等要职，走向仕途巅峰。对于明代乃至整个封建王朝而言，一人同掌吏、兵两部权柄是极少见的。

日中则昃，月满则亏。汪鋐的快速升迁必然引起同僚的侧目与嫉妒，同时，随着政治地位的节节攀升，汪鋐的行事作风也越来越专制跋扈，无形中加剧了其他阵营的反弹与打压。万斯同《明史》卷二百九十三载：

> 嘉靖十年（1531，以下皆"嘉靖"年）九月，御史张寅弹劾汪鋐"阴贼污贱"，帝"责寅挟私，黜为州判官"。
>
> 十一年，都给事中魏良弼等合疏，言汪鋐不可居铨衡。
>
> 十一年，给事中叶洪奏发其奸，帝怒，"夺诸臣俸"。
>
> 十一年，编修杨名、南京御史冯恩弹劾汪鋐，两人"遭谪戍"。

①②　[清]张廷玉等撰：《明史》，中华书局，1974年，第5522页。

十二年，汪铉上疏，打击异己，帝黜良弼洪、秦鳌。

十二年，汪铉诬童玘匿丧，帝"竟褫玘职部"。

十二年，汪铉委过于侍郎周用文、选郎张廷，致"用坐调任，廷言镌级"。

十二年，汪铉劾验封员外郎庄一俊。

十二年，汪铉与席春争事，上疏罗列其罪名，致"春坐，夺职去。"

十二年，汪铉上疏追发旧事，遂调南京礼部侍郎黄绾于外，夺南京礼部郎邹守益官。①

以上是"廷杖事件"发生前的四年间与汪铉有关的"政治形势"，可以看作"整体形势"的第一阶段，也即单方"压倒性胜利"阶段。该阶段无论是遭对手弹劾还是主动弹劾对手，汪铉都以胜利告终，于是"铉肆横无所顾惮，所排陷不可胜数，举朝为侧目，而铉方以柔佞自媚于上，晏然以为得计也"②。

然而随着时间的推移，形势渐渐有了转变。

嘉靖十三年，正当汪铉仕途如日中天，"威权震天下"之时，武定侯郭勋与汪铉同督大工，发生摩擦。郭勋上疏痛斥汪铉。此前嘉靖帝恰好与张璁、李时品骘朝臣，谈到汪铉时，帝曰："若铉，事无定见。昨考察，岂免枉人？"③这句"突如其来"的负面评价，让张、李二人觉察到不同以往的政治气氛。

紧接着，嘉靖帝又说，昨日在东阁讨论庄肃皇后的谥号，这本应是礼部的职责，干汪铉何事？你们作为言官，为何不及时弹劾？时任礼部右侍郎、太子太保的李时暗吃一惊，而后慢吞吞地挤出两字："不敢。"此时世宗干脆挑明，说了句相当有分量的话：

　　　　所谓宁忤天子，不敢忤权臣也？卿可以朕意戒谕之。①

　　这次定调可以看作局势扭转的关键——把"天子"与"权臣"摆在势不两立、必须做出取舍的境地，于是张、李各自上疏痛斥汪铉。汪铉打探到消息后，深感不安。

　　随着曾在"大礼议"中立下汗马功劳，帮助嘉靖帝冲破旧臣阻挠、树立帝王权威的首辅张璁再度罢相，之前与汪铉不睦的武定侯郭勋的话语权逐渐增长，少不了对汪铉展开攻击。嘉靖帝渐渐反思长期以来对汪铉的种种偏袒，"亦渐悟其奸，不复委任如初矣"②。

　　就在政治的天平渐渐向着"倒汪"一方倾斜的节骨眼上，发生了本文开篇所说的曾翀、戴铣以御史身份弹劾兵部尚书刘龙等九人不职的事件，而后薛宗铠、翁溥等分两波相继"出击"，正打在汪铉失势的"七寸"上，时机的选择可谓恰到好处。

　　从上面梳理的总体形势看，汪铉在绝大多数时间都是占据上风的。这个时间四年不到，三年有余，所以曾翀二次上疏时说"诤臣杜口已三年"，本身并没错。

　　不过，政治斗争或许没有绝对的对错，更没有绝对的胜负：一方面，汪铉的确不仁，嘉靖皇帝自然心中有数，但毕竟吏部尚书兼兵部尚书的两顶官帽是皇帝发的，一棍子打死就是否定自己，显然不妥；另一方面，"诤臣杜口"实在太难听——既然是"诤臣"，就不该"杜口"，既然"杜口"，就不该不合时宜地说出来，于是嘉靖帝采取严厉又折中的处理方式——两边同时打压。

　　接下来的问题是，嘉靖帝真的要置曾翀、薛宗铠两人于死地吗？

　　这个问题或许可以从四个方面加以思考：

　　其一，廷杖作为古代刑罚的一种，主要用意在于当庭折损大臣，起到震慑百官、树立威严的作用。曾、薛二人出言不逊，对其用仗责能挽回皇帝失

①②　［清］万斯同撰：《明史》，见《续修四库全书》卷二百九十三，上海古籍出版社，
　　2002年，第186页。

掉的颜面，所以是必须的，也是适当的。

嘉靖帝是很"擅长"使用杖刑的，其使用原因之繁、杖毙官吏之多、杖责官员范围之广，都远超前代。关于此点，清代赵翼在《陔余丛考》卷四三有段精辟的论述：

> 嘉靖中，以争大礼杖丰熙等百三十四人，死者十六人。其时张璁未当国，则固帝自为之也；张选之被杖，则以谏遣郭勋代享太庙，其时嵩亦尚未柄用，则亦帝自为之也；他如杨爵、杨最之杖死，则以谏服丹药也；周天佐、浦铉之被杖，则以救杨爵也；刘魁之被杖，则以谏造雷殿也；乌从谦之杖死，则谏斋醮也；杨久绳、纯巽言之被杖，则以胡膏诬其薄修元品物也；何光裕、龚恺之被杖，则以劾史道、仇鸾也；甚至公卿大臣亦多不免，如总督郭宗皋、翟鹏，巡抚陈耀、朱方，皆以边事被杖；刑部侍郎彭黯、左都御史屠侨、大理卿沈良才，以议丁汝夔狱缓被杖；耀、方毙杖下，黯、侨、良才等杖毕仍趣令治事。林俊言："成化时杖一二臣，率容厚棉重毡叠裹，逆瑾擅权，始令去衣，嘉靖时尤多杖毙。自古百僚之受辱，有过前明者。"①

文中两次出现"帝自为之也"，用以突出在杖刑的选择与使用上，嘉靖帝有着较为强烈的自我主张。通过这段论述，再结合《明史·世宗本纪》的相关记载，可以看出，无论是在"大礼议"中一次杖责一百三十四人、杖毙十六人的记录，还是乌从谦、陈耀、朱方等重臣先后被杖毙的历史，作为经验丰富的"廷杖专家"，嘉靖皇帝是不惮于对曾、薛动刑的，杖毙亦不足惜。

其二，嘉靖帝究竟下令打了两人多少板子？这直接决定了他的处罚预期。这个问题，两种《明史》和《国榷》《明实录》《明通鉴》等都未详说，康熙《霍丘县志》卷九《艺文》收录的《曾御史翀墓志铭》云："械至门，人杖八十。"

---

① ［清］赵翼著；栾保群、吕宗力校点：《陔余丛考》，河北人民出版社，1990年，第276页。

八十大板，从字面来看，不是个小数，但究竟是怎样的分量？要弄明白这个问题，需要结合《大明律》来谈。这里不妨列举该法令规定的须处以"八十大板"的罪状，以方便做对比：

> 凡夜无故入人家内者，杖八十。
> 凡赌博财物者，皆杖八十。
> 凡僧道娶妻妾者，杖八十。
> 凡首领官及统属官骂五品以上长官，杖八十。
> 凡私宰自己马牛者杖一百，驼骡驴杖八十。
> 若不顾风浪故行开船，至中流停船勒要船钱者，杖八十。①

从以上诸例不难看出，对百姓来说，"杖八十"的犯罪原因并不特殊，赌博、私宰自家骡驴等都属日常容易触犯的罪行，绝非滔天大罪。《大明律》中常用的杖刑数量有杖六十、杖八十和杖一百等，其中杖一百最普遍，涉及的罪行有四百余种，杖八十有一百五十余种。这样看来，世宗皇帝令杖曾翀八十，并没有使用"顶格"处理，这是个重要判断。

其三，两种《明史》对曾翀受杖的记载，文字略有差异：

> 宗铠、翀竟死杖下。（万斯同《明史》卷二百九十七）
> 宗铠、翀死杖下。（张廷玉《明史》卷二百九）

张廷玉的《明史》基本以万斯同本为底本，两句之中一"竟"字之差，略可表达布衣出身的史家万斯同对于该事件的态度，也为我们做出判断提供了的指引。

其四，今人结合曾翀同时代人的笔记进行考察，遂得出"汪铉阴谋论"。所谓笔记乃钱薇《东泓哀辞》（薛宗铠，字子修，号东泓），该文出自明代贺复

---

① 怀效锋点校：《大明律》，辽沈书社，1990年，第145页。

征的《文章辨体汇选》卷七百四十二：

> 岁己巳（按：嘉靖朝无己巳，汪铉乃嘉靖十四年九月罢官，应为乙未），文部尚书铉罢归新安，借道禾郡。尚书语郁大夫曰："吾力能死两谏官，归无恨，况闻天子将赐还，复吾官。"郡大夫以语予，予曰："所谓两谏官者何人哉？"未几有东泓之报（按：指廷杖事），于是海内士辄为谏官危，谏官亦各以言危。越明年，予服官左掖，然见诸谏官以言进者更剀切，则更得圣明优容，如大海之受百川，而予疑东泓之死命也。夫然尚书门下故吏，散在各执事，予每每访之，或曰："薛给事辈相继论尚书奸，尚书撼论各朋党，遂有旨杖薛给事辈。先一日，尚书邀两锦衣饮，尚书亲起为寿，厚之三百金。次日，薛给事辈杖，杖且死，然则东泓之死，非死于锦衣之杖，死于尚书之金。"①

这段文字的作者钱薇是嘉靖十一年（1532）进士［曾翀是嘉靖己丑年（1529）进士］，卒于嘉靖三十三年（1554），与薛宗铠、曾翀同时而稍晚。"哀辞"是用来哀悼、纪念死者的正式文体，故其创作有别于一般的史话，具有较高的可信度。

上文实际道出三个不为人知的细节：

其一，对于加害薛宗铠、曾翀二人，汪铉早有预谋，具体实施是向两锦衣（执杖者）行贿三百金，直接导致薛、曾被杖死。

其二，薛、曾受杖距其下狱有较长时间，是时汪铉已罢归新安，取道禾郡（未详何处），与"郡大夫"透露了加害秘密，而后得到应验。

其三，当时传闻嘉靖帝已打算让汪铉复官，由是愈加衬托了汪铉的跋扈之态。结合前文罗列的群臣与汪铉的"斗争史"，特别是嘉靖帝对汪铉的屡屡袒护，这些说法都符合当时的总体形势。

到这里大概可以得出结论："廷杖事件"是长期以来汪铉一方与"倒汪

---

① ［明］贺复征编：《文章辨体汇选》，清文渊阁四库全书补配清文津阁四库全书本。

派"相互倾轧的结果，其发生本身并不意外，但曾、薛二人被杖死却有一定的偶然性，这也使得其日后被平反成为可能。

最后，结合康熙《霍丘县志》的有关内容，再做一些补充。

前文已指出，《明史》对曾翀的记载过于简略，其《世宗本纪》共记嘉靖帝杖责大臣十一次，曾、薛两人的"廷杖事件"并不在列，因此从正史中可以获得的有关曾翀的信息非常有限，所幸康熙《霍丘县志》卷九《艺文》中收录了明代翰林胡经所作的《曾御史翀墓志铭》（以下简称《墓志铭》，万历《霍丘县志》未收此文），这为我们深入了解乡贤提供了便利。《墓志铭》中的一些信息，起到了补缺正史的作用。

接下来，我们从十一个方面，谈谈《墓志铭》的价值：

其一，关于曾翀的字、号。万历《霍丘县志》第六册《人物》云："曾翀，字朝举，淮阴人。"《墓志铭》却云："先生讳翀，字习之，别号古村。"张廷玉《明史》亦云："曾翀，字习之。"因此当以《墓志铭》为是。

其二，《墓志铭》是翰林胡经受曾翀临终托付所作。曾翀云："我死，为我作墓志铭。"面对奄奄一息的挚友，胡经虽来不及答应，但"心窃许之矣"。

其三，曾翀奋不顾身参与这场政治斗争，源自汪铉的极度狂妄。据《墓志铭》记载，在曾翀上疏前，汪铉两遭弹劾，不仅"纹丝不动"，还分别予以还击。文中说"太宰（即汪铉）辨之力""太宰肆辨益力"，并且放言："无如我何！"这句话大概狠狠地刺激了当时卧疾邸中的曾翀，他厉声大骂道："是空国无人，当出发大奸，为风纪死！"终以病羸之躯正式卷入这场残酷斗争。

其四，在此之前，汪铉不仅没有与曾翀交恶，反倒对曾翀"不薄"。在曾翀即将上疏之际，曾有人劝他道："太宰素善子，子忤之，特无情耳。"但此时的曾翀满心大义，顾不上什么故交旧情，声称："大官用舍关社稷，私交不与焉。"

其五，《墓志铭》记载了曾翀上疏的具体内容，为正史所遗，移录如下：

（曾翀）乃疏云："国家之祸，始由臣欺罔，故大臣之罪，莫大于欺

罔。臣观铉诋辩一疏，有人臣不敢言，铉肆言之罪。九人以塞言路，之
官司欺罔专擅，无人臣礼。昔汉禁党锢，唐诛清流，宋审逐伪学，皆缘
大臣作威，摧灭善类，不知邦国珍瘁，实基于兹。古大臣被劾，引咎待
罪，诬构巧诋之奇祸，争臣杜口三年矣，今言官始一纠论，而大张凶焰，
孰不自爱，而冒彼淫毒耶？"

这段文字从历史和现实的视角，阐明了汪铉欺君结党的"罪行"之于国家的
危害。由文末可以看出，曾翀何尝不知直面问题将会遭受祸患，但作为言官，
使命所在，职责所系，即便"冒彼淫毒"，也无所顾忌。

其六，根据《墓志铭》记载，嘉靖帝并非在盛怒之下直接下令廷杖，而
是使其经历下狱—拷谳—杖责的过程。下狱期间，曾翀"无纤介怨悔之意"，
实际是不服软，不仅不服软，还固执己见："奸臣在位，流毒缙绅，大奸既
去，遑恤慷慨。"他拖着病躯接受拷谳，实际已做了赴死的准备。

其七，曾翀死于廷杖之后两日。根据《墓志铭》记载，曾翀受杖后被抬
回家中，奄奄一息，两日后离世，"时嘉靖乙未（1535）九月二十一日"。曾
翀受杖后"神色不渝"，以残存之力说道："臣言得行，臣罪当诛。"这句话在
万斯同《明史》、张廷玉《明史》中均记作"臣言已行，臣死何憾"①。两相比
较，各有况味。

其八，曾翀有两子一女。正室无子，取堂兄之子鞠之，即曾愈；次子曾
绶，为侧室所出；女为正室所出，嫁监生李居仁。穆宗时，曾翀得以平反，
其子孙也广受荫庇。万历《霍丘县志》第七册《人物》载："荫其子邑庠生
绶，入国学。"又同治《霍邱县志》卷九《选举志》："曾长庆，邑庠生，以祖
翀荫国学，任北京詹事府录事。"

其九，曾翀的赠官。万历《霍丘县志》第七册《人物》载："隆庆改元，
诏赠（曾翀）光禄少卿。"但万斯同《明史》、张廷玉《明史》俱云："隆庆

① ［清］万斯同撰：《明史》，见《续修四库全书》卷二百九十七，上海古籍出版社，
2002年，第245页。［清］张廷玉等撰：《明史》，中华书局，1974年，第5523页。

初，赠太常少卿。"①两书所载同受杖责而亡的薛宗铠亦获追赠太常少卿，未知孰是。

其十，曾翀的归葬日。《墓志铭》云："嘉靖丙辰（1556）二月初五，葬于南京东涧原。"张廷玉《明史》卷二百九载："宗铠、翀死杖下，时十四年九月朔也。"②嘉靖十四年（1535）是"乙未"，次年为"丙申"（1536），因此《墓志铭》中"丙辰"当为"丙申"之误。

其十一，曾翀的谥号。两种《明史》和《墓志铭》均未提及，万历《霍丘县志》第七册《人物》云："公谥忠节，从祀乡贤。"这便是本文标题的由来。

至此，我们追溯了乡贤曾御史慷慨悲壮的生平，也借其以血肉之躯俯身经历的"廷杖事件"，回顾了那个云谲波诡的特殊时代。

---

① ［清］万斯同撰：《明史》，见《续修四库全书》卷二百九十七，上海古籍出版社，2002年，第245页。［清］张廷玉等撰：《明史》，中华书局，1974年，第5523页。
② ［清］张廷玉等撰：《明史》，中华书局，1974年，第5523页。

明代镇国上将军李杰和"神秘"李淑妃

在南京市雨花台烈士陵园的东北角，有处幽深静谧的景点：清秋时节，阳光透过火红的枫叶，把疏朗又劲挺的竹影散乱叠映在林下对置的石羊、石马之上。那一刻，四下无声，连蛱蝶和飞鸟都收起了丰彩的羽翼。

穿过石像林立的神道，一座巨型石碑巍然矗立在游人眼前。碑额饰以云纹螭龙，额首刻有篆书"佥都督李公神道碑"，碑文为明代"开国文臣之首"宋濂奉敕撰写……凡此种种，透露出墓主人的不凡身世。

"李公"是谁？何以享有如此之高的墓制规格？和霍邱有什么关系？

2000年元旦的傍晚，也是本世纪的首个日落时分，还在读大学的笔者穿行于高树葱茏的雨花台，一时间竟找不到公园出口。天色渐晚，周遭肃杀的氛围有些令人不安。疾行之中，一块布满苍苔的石碑隐隐进入视线，墨绿色的"墓"字在笔者的余光中跳跃，顿时为这场"突围式"的游览平添了紧张情绪……

受到好奇心的驱使，笔者竟停下脚步，回过头来仔细打量这块石碑——"李杰墓石刻。李杰，安徽霍邱人，明朝开国功臣之一，徐达麾下战将……"

这是笔者与乡贤李杰的初次"碰面"，没料到，再次"相遇"并认真捧读他的显赫过往，已是二十年后。

李杰，《明史》无传，要深入了解这位乡贤，就需要阅读碑文，也就是《宣武将军金广武卫指挥使司事赠骠骑将军佥都督府事李公神道碑铭》（以下简称《神道碑铭》）：

> 公讳杰，字茂实，世居寿州霍邱县之寿安乡。丙申之岁，渡江来属，上悦，使隶大将军麾下。洪武元年，诏大将军入中原，山东西河南北州郡相继而下，独所谓孔山寨者，贼恃险以抗我，公奋然先驱，与内贼接

战，而贼众大合，援不及继，公遂死焉，时冬十有二月乙亥也。享年三十有八。洪武二年八月庚午，葬于京城南聚宝山之阳。公娶茆氏，封太夫人。子男二人，长即都督公也，次即指挥使也；女一人，今为皇淑妃。洪武三十一年夏五月二十日立。

碑文简述了李杰的生平，接下来，我们结合其他材料就其中几个问题略做探讨：

其一，李杰的籍贯。《神道碑铭》载："世居霍邱县寿安乡。"万历《霍丘县志》第二册《坊乡》载有彼时霍邱县治域所辖的"一坊三乡"，即在城坊、阜城乡、淮阴乡和寿安乡，其中寿安乡在"县南，初分十图，后增七图"。乾隆《霍邱县志》卷三《建置》载："寿安乡，县南，初分十图，后增七图，寻并为三图。"其下列举了该乡下辖的部分集镇，包括俞林店、河口集、吴阳集、乌龙庙、洪家集、丁塔寺等，这些地名至今犹存。万历《霍丘县志》第九册《艺文》中学士刘三吾所作《追封李杰碑铭》(乾隆《霍邱县志》卷十二作《镇国将军都指挥史李公碑铭》，万历《霍丘县志》所载此文文字不全，散佚部分参见乾隆《霍邱县志》，以下均称《追封李杰碑铭》)载："谨按状叙李世之先世，凤阳府寿州霍邱县丁塔乡十三都人。"那么，究竟是"寿安乡"还是"丁塔乡"？如前所述，明代霍邱仅有三乡，因此《追封李杰碑铭》中的"丁塔乡"应为"寿安乡丁塔寺"或"寿安乡丁塔"之误，这是有关李杰籍贯较为明确的记载。

其次，李杰的殉难处。据《神道碑铭》载，李杰渡江投靠朱元璋，被安排在徐达麾下，并于洪武元年（1368）十二月乙亥战死于孔山寨，时年三十八岁。但"孔山寨"在何处？碑文并未说明。《明史纪事本末》卷九载："(洪武元年)九月乙丑，副将军常遇春等下保定，留指挥李杰守之。"[1]又《国榷》卷三载："(洪武元年十二月)乙亥，真定指挥李杰攻孔山寨，败没。"[2]可知自是年九月乙丑到乙亥，李杰都在奉命坚守保定府（今属河北，洪武元

---

[1]　[清] 谷应泰撰：《明史纪事本末》，清文渊阁四库全书本。

[2]　[明] 谈迁著；张宗祥校点：《国榷》，中华书局，1958年，第380页。

年九月废保定路，改保定府），因此，"孔山寨"应在其附近。万历《霍丘县志》第六册《人物》载："是年九月，常遇春等下保定，留杰守之。未几，调北征阵亡。"可见，"孔山寨"的大致方位，应在保定府以北处。

其三，李杰的原官。《神道碑铭》云："宣武将军，金广武卫指挥使司事。"《追封李杰碑铭》却云："广威将军，广武卫指挥金事。""宣武将军""广威将军"同属明代武官中的散官，据《明史》卷七十二《职官一》"正四品，初授明威将军，升授宣威将军，加授广威将军"，又"从四品，初授宣武将军，升授显武将军，加授信武将军"①，可见在原官的记载上，两方碑铭略有出入，后者提升了一阶。明代武官又有世官和流官之分，其中世官分九等，可世袭，"指挥金事"居第三等，关于这个记载，两碑铭一致。

其四，李杰的赠官。《神道碑铭》云："赠骠骑将军，金都督府事。"《追封李杰碑铭》却云："赠镇国上将军，都指挥史。""骠骑将军""镇国将军"属于明代武官中的职事官，《明史》卷七十二《职官一》载："正二品，初授骠骑将军，升授金吾将军，加授龙虎将军……从二品，初授镇国将军，升授定国将军，加授奉国将军。"②可以看出，李杰死后，朝廷对其赠官不止一次，最终定为正二品，亦可知《追封李杰碑铭》应作于《神道碑铭》之前。

朱偰先生所摄李杰墓原照

①② ［清］张廷玉等撰：《明史》，中华书局，1974 年，第 1751 页。

李杰墓今貌

其五，李杰墓的规制。出于现代建设之需要，李杰墓及其神道石像经历多次迁移，目前雨花台墓葬已非原址原貌。所幸 20 世纪 30 年代，著名学者朱偰先生曾对原址进行实地考察，并留影为据，收入《金陵古迹名胜影集》一书，其文曰：

> 明镇国将军李杰墓：墓在聚宝门（今中华门）外雨花台东道北，有丰碑一……李女为洪武妃，故规制颇宏，有石羊、石虎二（皆已倾倒），石马二，武将二。①

根据这段记载，再结合《明史》卷六十《礼十四》中有关明代凶礼中碑碣的规定——"一品、二品石人二，文武各一，虎、羊、马、望柱各二"②，可知李杰墓符合明朝二品官的规制。

其六，李杰的下葬日和立碑日。《神道碑铭》云"洪武二年（1369）八月庚午，葬于京城南聚宝山之阳"，又云此碑为"洪武三十一年（1398）夏五月二十日立"，两者相去近三十年。

---

① 朱偰编：《金陵古迹名胜影集》，中华书局，2015 年，第 83 页。
② ［清］张廷玉等撰：《明史》，中华书局，1974 年，第 1487 页。

以上我们基本厘清了有关乡贤李杰的几个具体问题，却也带来两个疑问：

其一，朝廷为何要对从四品的武将接连追封，并以正二品的规制安葬？

其二，为何选择在李杰去世三十年后重新为他树碑？

对于前一个问题，细心的读者想必已从《神道碑铭》中得到答案。明太祖朱元璋曾纳李杰之女为妃，即李淑妃。李杰死后所获的种种哀荣，是托了"国丈"的"福"。

回答后一个问题颇有些麻烦，需要对李淑妃其人其事有个大致了解。《明史》卷一百十三《后妃一》载：

> 淑妃李氏，寿州人。父杰，洪武初，以广武卫指挥北征，卒于阵。十七年九月，孝慈皇后服除，册封淑妃，摄六宫事。未几，薨。①

据此可知，李氏曾"摄六宫事"，不是一般意义上的妃子。由于马皇后病逝后朱元璋不再立后，实际上李氏就是当时的后宫之主。可惜她被册封为"淑妃"不久就去世了。

有关李淑妃的问题之所以复杂，是因为其关系到一桩充满"悬疑"的学术公案。

20世纪30年代，围绕"明成祖生母是谁"的话题，学界展开了以傅斯年、吴晗、李晋华等为一方，以朱希祖为另一方的论战。

论战的"导火索"是一本名为《南京太常寺志》的书。太常寺是主管礼仪的机构，书中在记录明孝陵（朱元璋陵墓）神位的摆放时说："左一位，淑妃李氏，生懿文太子、秦愍王、晋恭王；右硕妃，生成祖文皇帝。"

此书一出，学界哗然。这段记载无疑透露出三个"惊天秘密"：

其一，李淑妃是懿文太子也就是太子朱标以及秦王、晋王的生母；

其二，硕妃是明成祖朱棣的生母；

其三，马皇后无子。

---

① ［清］张廷玉等撰：《明史》，中华书局，1974年，第3505页。

这个"秘密"同样隐藏在《国史异考》《三垣笔记》等书中，尤其是后者，记录了钱谦益曾拜谒明孝陵，发现孝陵神位的摆放正如《南京太常寺志》中的记载，硕妃的灵位居于右一，足见其尊贵。

就双方论据而言，傅方认为："明成祖生于硕妃，养于高后。硕氏为贱妾，故不彰也。"至于硕氏是何人，傅先生只做了推论，说她肯定不是汉人，可能是蒙古、高丽甚至是色目人，并否认了其为元顺帝的妃子、明成祖是元顺帝之子的说法。朱方认为明成祖的生母是马皇后，硕妃并不存在。双方你来我往，撰文既多，引证博杂，轰动一时。

值得注意的是，朱先生在《再驳明成祖生母为硕妃说》一文中，拿出一则"重磅"证据，那就是他在雨花台考察时意外发现的《神道碑铭》，特别是其中关于李淑妃生平的介绍，有力地支撑了他的判断。朱先生在按语中写道：

> 杰事略见《明史·李淑妃传》及《彤史拾遗记》，此云丙申岁渡江来属，则在元至正十六年，懿文太子生于至正十五年，时杰二十五岁，其女淑妃盖未生也。假定淑妃其时已生，则至早为杰十六岁时生，至懿文皇太子生时，必不过十岁，何能生育？……得此碑文，足证天启《南京太常寺志》中"李淑妃生懿文太子、秦晋二王之说"实属无稽之谈。①

这段文字在当时犹如晴天巨响，也可谓"一锤定音"：李杰二十五岁做外公的可能性不大，因此《南京太常寺志》中的神位摆放，以及有关懿文太子、明成祖生母的说法自然就不足为信。

其后虽然傅方仍不时作文，却无法推翻这则"过硬"的材料。

20 世纪末，"朱棣生母为硕妃"说沉渣泛起，特别是 1982 年 8 月 13 日，南京市人民政府公布了《南京市第一批文物保护单位名单》，在大报恩寺的建筑简介中说"为明成祖朱棣为纪念其生母硕妃而建"，一时间文史界"硝烟"

---

① 朱希祖《再驳明成祖生母为硕妃说》，原载《东方杂志》第 33 卷第 12 号（1936 年），收入周文玖选编：《朱希祖文存》，上海古籍出版社，2006 年，第 283 页。

南京大报恩寺石碑

又起，争论纷纭。2007 年 6 月 1 日，《南京日报》开辟“我所知道的金陵大报恩寺”征文专栏，各路专家学者纷纷撰文讨论。其中严中先生收罗宏富，用笔最勤，曾拿出永乐十一年《重修报恩寺敕》、永乐二十二年《御制大报恩寺左碑》和宣德三年三月十五日《御制大报恩寺右碑》敕文和碑文，指出三碑皆言建寺为报“皇考皇妣罔极之恩”，特别是《左碑》，明确为报“皇考太祖圣神文武钦明启运俊德成功统天大孝高皇帝、皇妣孝慈昭宪至仁文德承天顺圣高皇后”之恩。三碑之中两块为永乐时制，都是傅、朱双方未曾见过或使用的材料，因此具有较强的说服力。

　　梳理完相关争论，再回到第二个问题本身，笔者就已有的认识略做展开：

　　首先，《神道碑铭》可能是托名宋濂的伪作。一方面，据《明史》卷一百二十八《宋濂传》，其卒于洪武十四年（1381）[1]，《神道碑铭》立于洪武三十一年（1398），提前至少十七年撰写碑文的可能性不大。另一方面，碑文中“今为皇淑妃”的表述在时间上也有问题，如前所述，李氏被册封为皇淑妃在洪武十七年（1384）九月，是时宋濂已卒三载，不可能预知册封事，即

————————

[1] ［清］张廷玉等撰：《明史》，中华书局，1974 年，第 3788 页。

便立碑时间是后人在重立时添补，那么介绍皇淑妃时用"今为"，也不合逻辑。这个"今"，相对于宋濂的卒年而言，李氏尚未册封；相对于洪武三十一年（1398）的立碑时间而言，李氏已薨。朱希祖先生据此判定朱棣生母问题，缺乏可信度。

其次，万历《霍丘县志》记载了李淑妃的真实死因。其第七册《人物》云：

> 李淑妃，洪武甲子冬十月，册妃，摄中宫事。高庙寝病，妃入侍，帝目妃，妃入宫曰："固知帝意在妾也。"遂自缢。帝愈，后以殉葬。

这段材料大致可从四方面加以理解：

其一，李淑妃的册封时间与《明史》的记载略有差别。《明史》谓"十七年九月"，《霍丘县志》云"洪武甲子冬十月"，两者相差一个月。

其二，李淑妃死于自缢，解释了《明史》中其"未几，薨"的原因。

其三，导致李淑妃自缢的原因是"高庙"（朱元璋）染疾。是疾想必来势凶猛，时间在李氏册妃之后，此时朱元璋已是五十六岁开外。李氏入宫侍奉，被皇帝盯着看，或许不止盯着看，还有"榻前指示"——这个指示慎重、权威、不可违抗，于是李氏说"固知"，也就是明知、坚信。坚信什么？"意在妾"。何为"意在妾"？答案不言而喻：皇帝重病在身，奄奄一息，一旦驾崩，不忍也不容她独活，于是根据入侍时两目相接的会意，"遂自缢"。不料朱元璋龙体渐愈，此时淑妃已薨，其薨何其冤哉！也正是这份"冤"，让李妃"赢得"哀荣，这个哀荣就是"殉葬"。

值得注意的是，万历《霍丘县志》第七册《节妇》中使用的"殉葬"一词，在同书第六册《戚畹》中记作"从葬"："帝愈后以从葬。"明朝的确有殉葬的传统，实际是延续元朝鄙习。《明史》卷一百十三《后妃一》载："初，太祖崩，宫人多从死者。"[1] 在建文、永乐时，这些被殉葬的宫女家庭相继得

---

① ［清］张廷玉等撰：《明史》，中华书局，1974 年，第 3515 页。

到优恤，带俸世袭，人称"太祖朝天女户"，其后"历成祖，仁、宣二宗亦皆用殉"①。又毛奇龄《彤史拾遗记》载："太祖以四十六妃陪葬孝陵，其中所殉，惟宫人十数人。"②可见至少在朱元璋时期，用以殉葬的仅仅是"宫人"。朱元璋驾崩之前，包括马皇后、李淑妃在内的诸多嫔妃都安葬在孝陵，因此淑妃的"殉葬"当为"从葬"或"陪葬"解。

其四，万历《霍丘县志》为明万历二十四年（1596）所修，其时距李淑妃时代虽已近两百年之遥，但仍属明朝，且涉及朱元璋，因此对淑妃死因的记载应有所本，杜撰的可能性不大。

明大报恩寺琉璃瓦当（姜志兵先生提供）

最后，《神道碑铭》的立碑时间透露出重要信息。根据碑文，此碑为"洪武三十一年夏五月二十日立"，《明史》卷三《太祖三》载：

> （三十一年五月）闰月癸未，帝疾大渐。乙酉，崩于西宫，年七十有一。③

根据上文，太祖驾崩于洪武三十一年五月乙酉，也就是初十。该年五月有闰月，那么立碑的时间就有正五月和闰五月两种可能，究竟哪种更确切？

---

① ［清］张廷玉等撰：《明史》，中华书局，1974 年，第 3515 页。
② ［清］毛奇龄纂：《胜朝彤史拾遗记》，中华书局，1991 年，第 36 页。
③ 同①，第 55 页。

《明史》卷三《太祖三》记载了是年五月的情况：

> 五月丁未，沐春击刀干孟，大败之。甲寅，帝不豫。戊午，都督杨文从燕王棣，武定侯郭英从辽王植，备御开平，俱听燕王节制。

可见，太祖病重是在五月"甲寅"，也即初八，至"戊午"也就是十二日，京城已进入"紧急状态"：一方面，太祖下遗诏，令皇太孙允炆即位，同时要求"诸王临国中，毋得至京师"[①]。另一方面，以燕王朱棣为代表的诸王虎视眈眈。据《明史》卷五《成祖本纪》载，当时朱棣由北平直入京师奔丧，"闻诏乃止"[②]。这道遗诏令朱棣十分不悦，也为四年之后的"靖难之役"埋下伏笔。

应该说，从太祖病重到驾崩这一个月又两天内，京城的氛围是异常紧张的。如果李杰墓立碑是在正五月二十日，也就是太宗病重后的十二天，在这种紧张的氛围下，朝廷是没有精力过问此事的。

那么，"闰五月二十日"立碑是否合理？如前所述，太祖驾崩于闰五月初十，七日后其便匆匆落葬孝陵，此后又三日，李杰神道碑立，实际为其立碑者应为建文帝允炆。虽然具体动机不明，署名宋濂也值得怀疑，但从时间上看是没有问题的。

由于《明史》太祖、建文帝两朝的主要文献来源《明太祖实录》在朱棣夺位后被多次修改，包括建文帝和成祖生母等的记载都有被动手脚的可能，因此，单以疑点重重的《神道碑铭》并不能"一锤定音"地证明李淑妃不是太子朱标的生母。实际上，在朱元璋落葬后三日，作为太子朱标次子的建文帝朱允炆，就为李杰立碑，且将其赠官提升一阶，又假托宋濂手笔，这本身就是一种独特的象征。

现如今，雨花台中乡贤李杰的墓石虽犹在，其原先坟茔早已无迹可寻。2006年，这座被迁移的墓葬和徐达墓、李文忠墓等一起，作为明孝陵的扩展

---

①② ［清］张廷玉等撰：《明史》，中华书局，1974年，第69页。

项目，跻身全国重点文物保护单位，此后又升格为世界文化遗产，将一段特殊的历史留给了世界。

深秋时节，笔者再访乡贤李杰墓，只见石马、石羊或蹲或卧于衰草丛中，连同端立了七百余年的武士，尽职尽责地守护着石碑与"坟茔"。微风轻拂，骏马威凛犹在，只是再也发不出当年的嘶鸣……

补记

寻访霍邱李杰墓遗址

明代学士刘三吾曾作《镇国将军都指挥使李公碑铭》，碑文反映了皇淑妃李氏为其父李杰在霍邱修墓立碑的情况，其文曰：

> 臣谅兄弟感皇上旷代难逢之遇，悯臣先父捐躯殉节，所旌异之者备极其至，今当修葺先茔，备物肖像，惟是片石之树，所以显扬其先纪殊遇者，顾诸勋贵之臣，愧负多矣，乃叙其世次，托诸翰林儒臣刘三吾，文之金石，以垂不朽。

这段文字回答了李淑妃"修葺先茔"，并委托刘三吾作墓志铭的缘由。从碑文来看，李杰出身卑微，其祖父、伯父、兄弟姊妹七人名讳俱失考，所以在家乡立碑，一方面是为了"感皇恩"，更多的则是"状叙李氏之先世"，光宗耀祖。

根据文中"备物肖像"，以及铭文"山前有墓，肖像惟肃；亭间有碑，先世备录"，可知霍邱的这座李杰墓与南京大墓的规制相仿：有墓道、石人、石兽，有亭有碑，并绘有其肖像。碑铭虽未记载撰文或立碑时间，但从"女李氏，今为皇淑妃"的表述中，可知当在洪武十七年（1384）李氏受册封之后。

这篇碑铭被收入万历《霍丘县志》第九册《艺文》，但同书第三册《建置》之"墟墓"中却未有霍邱李杰墓的记载，其后康熙《霍丘县志》卷三《建置》之"墟墓"也未提及，直到乾隆《霍邱县志》卷二《古迹》之"墟墓"中，始有"明诰赠李将军墓"，言其在"县西九十里，学士刘三吾作墓志"。同治《霍邱县志》卷一《舆地志》之"墟墓"亦记云："将军李杰墓，县西九十里，学士刘三吾作墓志。"

既然霍邱也有座李杰墓，其在何处？规制如何？保存情况怎样？带着这些问题，笔者利用暑期回乡之机，展开寻访。

2019 年 8 月 15 日午后，笔者随同县文化旅游体育局副局长穆志强、县收藏家协会主席冯克强、龙潭镇派出所所长刘瑞明等同仁，驱车前往龙潭镇龙王庙村石马组，寻访李杰墓遗址。

"石马组"进入本县文史爱好者的视野，源于穆志强先生的一次田野调查。"石马"一词蕴含的丰富的历史文化信息，引起了穆志强先生的注意。通过实地走访和查阅县志资料，他和他的团队最终确定此处就是明代镇国上将军李杰霍邱墓遗址。

本次走访，笔者有幸接触到两位当地村民，同时也是李杰墓存毁的历史见证者。两位老人的介绍各有偏重：七十四岁的徐荣光先生为大家确认了李杰墓（碑）、神道以及石马、石羊等的具体方位。通过他的描述，可以确定霍邱李杰墓和南京李杰墓墓道两侧所立的石像规制、大小相仿。此外，他还分析了李杰墓选址的地形依据，特别是位于有"九道冲"之称的"上佳风水"之地。八十五岁的代永龙先生讲述了李杰墓的损毁过程。据他介绍，1954年，霍邱县户胡乡粮站破土动工，当时石灰紧缺，有人提议用李杰墓前的石像（白石）烧制石灰，得到用事者的响应，其后组织人力在石马、石羊等身上打孔、放炮，将其炸碎，并就近建窑数口进行焚烧。随着青烟四散，墓道两侧的数尊石像连同巨型石碑毁于一旦。代永龙先生见证了事件全过程，并参与了石灰挑运。

笔者向代永龙先生询问墓葬情况。据他回忆，该墓曾在石灰烧制期间遭遇挖掘。此前有传闻李杰遇难后身首异处，"女婿"朱元璋为其镶金头以葬之。百姓不了解李杰实际葬身南京，认为霍邱大墓中埋有其"金头"，于是积传闻为动力，待大墓开掘后，才发现内中空无一物。

2019 年 10 月 5 日，笔者再次返乡，驱车前往户胡粮站探寻，并在其老职

当地村民徐荣光先生为笔者
确认霍邱李杰墓遗址

笔者（左一）与县文化系统领导、
同仁在霍邱李杰墓墓道前合影

当地村民代永龙先生（左一）向
寻访人员回忆李杰墓被毁经历

户胡粮站老建筑
"一吨仓"今貌

工的指引下，找到了当年用"特制"石灰建造的粮站"一吨仓"。历经长期的风雨侵蚀，该仓早已残破不堪，成为危房。

　　耸立六百余年的霍邱李杰墓及其神道石像，六十年前就这样被"意外"损毁，和英年早逝的享受"国丈"礼遇、二品官哀荣的墓主人一样，归于尘土。

孝子张旺舅、徐汝楫及其"继承者"

张旺舅、徐汝楫分别是元代和明代的两位霍邱孝子，其事迹感人，又都得到过当政者的旌表，因此被载入县志，成为以"孝"为标准入祀乡贤祠，接受邑人祭拜的仅有的两位"布衣"。

俗话说"百善孝为先"。"孝"是中国古代儒家思想的重要范畴，也是被百姓普遍认可的传统道德规范。几乎每部方志都会用一定的篇幅记载当地百姓的孝行，霍邱自不例外。张、徐二人就是目前可见的较早的霍邱孝子典型。

据万历《霍丘县志》记载，张旺舅年幼丧父，虽说家贫，其母陈氏却未改嫁。旺舅九岁起就自食其力，靠卖饧（麦芽糖）为生。年长后其母曾大病一场，伏枕数月不起。旺舅没钱为她请医抓药，经常在夜间恸哭，祈求上苍用自己的身体代母亲受病。

大概上苍为他的真诚所感动，陈氏的病竟渐渐痊愈了。街坊邻居觉得旺舅是个好后生，便为他说媒，却被他婉言拒绝："我家庭贫困，又有寡母需要赡养，若是成家会拖累对方。"他下定决心，终身不娶，侍奉母亲以尽天年。天历二年（1329），张旺舅因孝行被"旌表门闾"。

徐汝楫是明代霍邱的监生，其父病故，汝楫葬之以礼，不仅如此，他还在父亲墓旁搭起小屋，守墓尽孝，就像当年孔子的弟子子贡"庐墓"守丧一样。

服丧期间，徐汝楫"蔬食饘粥，负土营坟，朝夕悲悼"，据说他的孝行感天动地——群鸟为之哀鸣，大蛇为之出绕，百姓争相传颂。弘治元年（1488），为政者诏立旌表 [①]。十二年后，徐汝楫赴京赶考，得到其继母去世的

[①] 徐汝楫受旌表的时间，同治《霍邱县志》之《人物志》说是成化六年（1470），同书《艺文志》有《徐孝子墓志铭》，记载徐父卒年为成化十六年（1480），又曰："弘治改元之初（1488），有司以闻，特命旌表。"因此当从墓志铭。

消息，当即返乡，"奉葬来归"，又庐墓三年。训导吴崇在《徐孝子墓志铭》中称赞道："未尝以母异而心或异也，呜呼难矣哉！"

两位先贤的孝行一为顺母，一为孝父；一为生养，一为死葬。张旺舅终身不娶，其母终不二嫁，这些都符合封建统治阶级的宣传需要，因此被载入县志并入祠享祀。

实际上，张、徐二人只是古代霍邱万千孝子的一个缩影。我们相信，在其之前必有模范，其后也必有继承，但如何继承，尤其是合理继承，却是今人需要认真思考的问题。

说到思考，我们不妨将县志记载的百姓孝行分作感人的、"吃人的"和"骗人的"三类，结合事例分别来谈。

先看感人的孝。

读过《三字经》的读者大概对"香九龄，能温席"的故事不会陌生。"香"即后汉时期的黄香，他九岁丧母，对父亲格外孝顺，冬寒为其温席，暑热为其扇枕。作为"二十四孝"之一，"扇枕温衾"的故事广为流传。

在清代的霍邱，也有一位"黄香"，他叫汪云际。同治《霍邱县志》卷十《人物志》载："其母丧，事父至孝。冬必烘床，拥炉俟足热乃退。夏日拭席驱蚊。每夜半必起，问寒燠，盛暑大寒，更问三次，至老不懈。"显然，汪云际是受了黄香的影响，其孝行也属有意模仿。汪云际家境贫困，每逢菜市上有稀罕物，他都千方百计买回来给父亲尝。汪父念其贫寒，不肯食用，但他却执意为之，无论付出多少辛劳。在他的精心赡养下，其父活到近一百岁。地方官听闻后，两次赐予他粟帛，百姓称其为"纯孝"，他本人也得享高寿，可谓"仁者寿"的典型。

母、妻同时落水，先救谁？这是个十分尴尬的话题，但早在明代，霍邱孝子、邑庠生张一凤就已给出答案。他早年丧父，和妻子一起孝侍孀母。一天，邻家遇盗，殃及其家，张一凤"不顾妻室，负母而逃，得免于难"。

我们不禁要问："面对危险，他弃妻负母对吗？"答案恐怕是肯定的，至少在那个时代背景下。为何这么说？因为他的这番孝行得到了县学的举荐和督学的"褒赏"，并由此通过了嘉靖壬午年（1522）的乡试，光耀门楣。

古往今来，"继母"大概都是个充满复杂情愫的词。怎样对待继母，也是对"孝道"的考验。明代霍邱有位孝子叫刘之龙，其母丧，继母张氏心地善良，对之龙视若己出。刘父过世后，张氏孀居四十年，每日餐前寝前，刘之龙都要躬身问视，数年如一。崇祯二年（1629），有司颁赏其"孝子"匾额。

崇祯十二年（1639），霍邱遭遇寇贼，此时张氏已有八十四岁。情势危及，刘之龙反复思量，决定背着继母逃生，不料在牛角河遇寇，被对方持刀威胁。刘之龙舍身庇护，身中数刀，奄奄一息，刘氏却安然无恙。其后之龙身体渐渐好转，侍奉继母直至其终老。刘之龙的子孙都很贤孝，且以文章名世。乡亲们敬重这样的至孝家庭，都称赞之龙可以"不朽"矣！

再看"吃人的"孝。

所谓"吃人"，大抵是鲁迅先生的说法，针对的是封建礼教中的糟粕部分。诸本《霍邱县志》中最为集中的"吃人"孝行，莫过于"割股疗亲"。

"割股疗亲"之事发源久远，早在《庄子·盗跖》中就有介之推割股（大腿肉）为流亡在外的晋文公重耳疗饥的故事，其后印度佛教中舍身供养的传说引入中原，再经历不同时期的文化淬炼，逐渐发展为以割股（不完全是大腿，有的是手臂）作药引，用特殊的残酷的方式医治亲属的畸形民间习俗。

已故台湾地区著名文化人士李敖先生曾写过《中国女人割股考》《中国男人割股考》和《台湾土蛋割股考》，前者从各类典籍和州府方志中辑录了女性割股饲亲事例计六百二十条。实际上，仅就同治《霍邱县志》所记事例的复杂程度来看，真实情况远不止这个数字。

比如"普通"割股：金玉相，幼年丧母，其父金希周病重，年仅十五岁的玉相独自来到城隍庙，向神灵祷告，"愿减寿增父"，其后金父果然痊愈，又多活了几十年才去世。玉相的继母汪氏久病，他割股疗救，汪氏得治，又经十二年才离世。亲人相继去世后，玉相"日夜哀号，绝粒数日，乃终身不食荤酒"。

又如反复割股：邑庠生王吉臣身染重疾，其子王遵感为其割股，吉臣病情逐渐好转。可没过多久，吉臣病情复发，于是遵感"又割以进"，身上的刀伤"创深几绝，里人哀之"。在大家的合力推举下，有司为其颁匾旌奖。

再如多次割股、两代割股：汪时誉，九岁亡父，孝侍其母张氏甚殷，"寝膳必亲问视"。娶妻戴氏，共同赡养寡母。其后汪母重病，时誉"割股者三，皆获痊愈"。汪时誉的儿子叫汪如潢，也很孝顺。时誉病，如潢"刲股和药，一如其父之于祖母也"。"割股"似乎成了汪家的"传家宝"，如此奇特的"家风"，着实令人胆寒。

相对于今日的抗生素、特效药，"割股"在那个缺医少药的年代，特别是在贫寒家庭，无论孝子还是病人，更多的或许是强心剂，是安慰剂，是"表态丸"，但理智告诉我们：从效果上，割股制成的药引不会有什么特殊作用；从结果上，无论是孝子肌体受损、落下残疾，还是病人心怀不安、难以下咽，都不是完满结局，必定"两败俱伤"。表面上，为政者把旌表的匾额高悬在孝子的门庭，但实际上，通过历代接续的"孝行"宣扬，无形之中引百姓"心甘情愿"地走上了歧途。

最后，谈谈"骗人的"孝。

所谓"骗人"，大多是通过虚构情节，特别是神仙托梦之类，达到"另类"教化目的。如果说前两种"孝"代表着情感激励，后一种则无异于精神鸦片。

胡宏道，中年丧父，其后六年，他与妻贾氏共侍寡母。一日，宏道梦见有童子从云端降下，缓缓来到其身旁，对他说："上天眷顾你们夫妻俩至诚至孝，决定给你母亲增寿至九十二岁。"其后胡母八十八岁时身染重疾，奄奄一息。夫妻二人悉心照料，亲手送汤喂药，五年后胡母才驾鹤西归，果如梦中童子所言，享年九十有二。

日有所思，夜有所梦。对于久病床前的孝子而言，"托梦延寿"的故事看似荒诞，或许还有一定的现实可能，但接下来这位就略显夸张了。

程士俊，远近以孝闻，对其父可谓百依百顺，甚至每日蔬食的选择都会谨从父命。士俊靠跑船做贸易为生，一次船过洪泽湖，夜间听人大声叫嚷道："程孝子的船，免死！"士俊不解其意。第二天天刚亮，就看到湖上大量船只倾覆，唯独自己的船安然无恙，真是怪哉。

其后程父身患毒疮，生命垂危，士俊焚香默祷，希望以身相代。程父在弥留之际做了个梦，梦中神仙对他说："看在你儿子孝行可感的分上，你的疮伤会好的。"次日，毒疮果然结痂并自行脱落，伤口不治而愈。雍正癸卯年（1723），程士俊因"孝行"入载《凤阳府志》，并获有司旌表。他家宅院后有一小楼，常有群鸟鸣集其上，街坊邻居感到不可思议，私下将其称作"集鸟鸣孝楼"。

在古代，人们常把年高称作"寿考"，而"孝"字字形本身又与"考"非常接近。对于古代的孝子而言，如何通过自身孝行，特别是持之以恒、不畏艰辛甚至痛楚的付出，来增长双亲的寿考，真是件"考"验人的大事。

崇祯八年古城兵燹纪事

对于一座有着近一千五百年历史的小城来说，有过多少五谷丰登的喜乐祥和，大概也就经历过多少兵燹水火的苦难悲辛，这几乎是所有古城历史演进的普遍规律，霍邱自不例外。

明崇祯八年（1635）正月，高迎祥、张献忠等领导的农民军攻陷上蔡，又连下汜水、荥阳、固始等地。其后不久，镇压农民起义的主要军事统帅、"三边总督"洪承畴主力拔出潼关，给农民军以巨大震慑。

得知消息后，十三家农民军首领老回回、曹操、革里眼、左金王、改世王、射塌天、横天王、混十万、过天星、九条龙、顺天王、高迎祥、张献忠等率领七十二营军士在河南荥阳会盟，共商计谋，却迟迟没有统一的意见。时任高迎祥部"支党"首领的李自成主动献计，认为十万官军来势凶猛，不宜碰硬，建议采用"分定所向"的方法，得到诸将的赞同。于是农民军兵分五路，分别抵挡来自川、湖、陕、豫等方向的官军。随后，高迎祥、张献忠部"东掠江北"，先后攻陷霍邱、颍州等地。

关于霍邱城陷的具体时间，不同文献的记载略有差异。《明史》卷二百九十二云："是年正月。"① 乾隆《霍邱县志》卷八《孝节》云："乙亥正月八日。"《明季北略》卷十一云："八年乙亥，正月初九日庚申，贼陷霍，十一日壬戌，陷颍川（州）。"② 如此说来，高、张部队攻城是在崇祯八年正月初八，城陷在初九，大约占领两天后，最晚于十一日离开霍邱，攻陷颍川（州）。

正月里本应是辞旧迎新，彩灯高悬，一派祥和，尤其对于厚民俗、重传

---

① ［清］张廷玉等撰：《明史》，中华书局，1974年，第7488页。
② ［清］计六奇撰：《明季北略》，中华书局，1984年，第171页。

统的江淮地区来说，但这一年的正月初八乌云低垂，霍邱古城上空弥漫着死亡的气息。《明史》卷二百九十二载：

> 是年正月，贼陷霍丘。县丞张有俊，教谕倪可大，训导何炳，乡官田既庭、戴廷对，举人王毓贞死焉。①

《明史》对这场战争的记载十分约略，实际上，在这艰难的三四天里，从攻到守，从恐慌到呐喊，从城破到厮杀，多少悲剧上演，多少骨肉流离，可以说古城每分每秒都在经受血雨腥风的洗礼。如今虽已远离那个充满恐惧的特殊年代，但有些身影不能忘却，有些细节值得重温追忆，而要真正打开那段痛楚的记忆，需要参看清代夏燮的《明通鉴》卷八十四：

> 辛酉，贼自固始抵霍邱，陷其城。县丞张有俊死之。时霍邱知县弃城遁。教谕倪可大督民壮拒战，以奇策斩贼首数百，分守城北。贼以炮攻陷南门，被执，啮指血喷贼，贼怒，被磔死。妻女皆自缢。仆倪表亦殉焉。训导何炳若，乡官戴廷对、田既庭，举人王毓贞、张灿恒皆城陷死之。②

这是目前可见的关于这场战争最为鲜活的材料，通过阅读，我们能如鹰隼般划破历史的长空，俯瞰当年那座充满苦难的城池。城内形形色色的面孔，令人挥之不去。

首先是父母官。《明史》卷七十五《职官四》载："县：知县一人，正七品。"③知县虽是"七品芝麻官"，却是一县之长，肩负着拯时济世、怀忧民瘼的重任。面对城内外紧张的形势，知县黄日方却"巧妙缺席"，导致古城守备"群龙无首"，虽然他的同乡、四部尚书李长庚在《女忠祠碑记》中竭力为其

---

① ［清］张廷玉等撰：《明史》，中华书局，1974年，第7488页。
② ［清］夏燮著：《明通鉴》，中华书局，1959年，第3219页。
③ 同①，第1850页。

辩驳，说他适逢"三年告绩"，外出向"上台"汇报工作，恰好赶上农民军围城，并非主观"逃跑"，就连圣上也倍加体恤，认为他"以考成公事而出，变起意外"，令其官复原职，但后世史家的口诛笔伐仍不在少数。有关他的具体情况及评价，将在本书《女忠祠前的"忏悔"》一文中详细介绍。实际上，面对堪称农民军主力的高、张部队，弹丸之城霍邱几无抵抗能力，黄日芳的去留，改变不了城破的总体局势，即便如此，千钧一发之际守城一方核心官员的缺失，或许从开端就决定了百姓蒙难的悲戚命运。

其次是儒学长官，譬如教谕倪可大、训导何炳若。《明史》卷七十五《职官四》载："儒学：县，教谕一人，训导二人。教授、学正、教谕，掌教诲所属生员，训导佐之。"①教谕掌管一县文教，好比现今的教育局长，训导是其副手。文中的教谕倪可大智勇双全，在知县缺席、县丞战死的情势下，他"督民壮拒战，以奇策斩贼首数百"，充当了最好的儒学"教员"和儒家"教科书"。倪可大被执后"啮指血喷贼"，惨遭"磔死"（即肢解），其妻、女、仆亦死。清乾隆四十一年（1776），赐谥"烈愍"。他的事迹将在本书《"烈愍"教谕倪可大》一文中做介绍。

再者是地方士绅。如从籍贯上划分，知县、县丞、教谕等都是"外来干部"，譬如黄日芳是湖广沔阳（今湖北仙桃）人，倪可大是江苏仪征人。《明通鉴》中提到的乡官戴廷对、田既庭，举人王毓贞、张灿恒都是本地士绅，霍邱古城是其生之所依、魂之所系，所以拼死力战，血染故土。

最后是庠生，即儒学生，以"节烈同芳"的汪长泓夫妇和"执殳格斗"的朱昌祚最为典型。先看前者，乾隆《霍邱县志》卷八《忠节》载：

> 汪长泓，邑诸生，食禀于庠。崇祯八年之变，散家财、募技勇、操戈登城为士众倡，抽矢射中一渠，魁落马，贼怒，阴识之。城破遇害，挺身受刃，至死犹咄咄骂不休。妻王氏，数雉经皆被救脱，育三岁孤儿，苦节四十年，里人称为"节烈同芳"。

---

① ［清］张廷玉等撰：《明史》，中华书局，1974年，第1851页。

作为"邑诸生"，也就是县学的生员，汪长泓在古城被围之际，散财操戈，投笔抽矢。他虽是一介儒生，却有着不错的身手，曾一箭中"魁"，也因此被对方记住面孔，城破殒命。其妻王氏抚育孤幼，守寡四十年（实际是终生）。这对"节烈同芳"的夫妇被封建史官树为楷模，载入方志。

再看庠生朱昌祚：

> 朱昌祚，邑庠生也。乙亥正月八日，贼突至，令君以公事出，人心惶惶。昌祚奋臂而起，率众俱登陴，誓效死守。及城陷，犹执殳格斗，身披数枪，骂不绝口而死。阖邑庠生王辉等上其状于当道，业蒙旌恤。

和汪长泓相似，他文武兼备，于一片乱局中挺身而出，主动肩负起护城重任。城破后他执殳巷战，身中数枪不幸遇难。儒家宣扬的"忠勇"在其身上得到生动体现，他的事迹为幸存的庠生们"状于当道"，终获旌表。

明末的农民起义是阶级矛盾空前激化的产物，高迎祥、李自成、张献忠等领导的农民军，给腐朽的地主阶级势力以沉重打击。推翻明朝政权后，他们却遭到清军的残酷镇压，这就决定了无论是《明史》《清史》，还是现存的清代的四种《霍邱县志》，无一例外将其视作"贼寇"，加以百般丑化与鞭挞。现有的对这场战争的了解，无论是过程还是情感，都只能根据明清史志做单一视角的回顾与评述。实际上，知县、教谕也好，乡绅、庠生也罢，他们只是被载入史志的极少数人，对于苍老的古城、无辜的百姓来说，隆隆枪炮声中，没有一片树叶不沾满血腥，没有一个人的瞳孔不透射着狰狞或恐惧。刀枪之下，何来真正的"幸存者"；千年之后，当时的悲号仍不绝于耳。

那年的正月初九，古城内没有彩灯、旱船与秧歌，或许沿街地面的青石板上还残有张贴不久的春联，一城无辜的百姓用鲜血将其重新染色……

女忠祠前的"忏悔"

清初，霍邱古城的察院以南、小十字街以东，有座幽深静谧的祠堂，周遭松柏森森，乌鹊盘绕，时光仿佛在那里凝滞。

祠堂正门上方悬挂着明末进士、邑人林冲霄题写的匾额：女忠祠。该祠专为明代霍邱知县黄日芳的妻妾——陈、李两夫人而建。祠内原有一方高大的青石碑，碑文为曾在天启、崇祯年间担任刑、户、工、吏四部尚书的李长庚撰写。这篇《女忠祠碑记》有一千余字，仅结尾用骈体写就的铭文部分就多达三百五十二字。在现存霍邱历史文献中，如此高级别的官员专为与霍邱相关的女性创作如此篇幅的碑文，这是绝无仅有的。

一般来说，封建社会对女子的道德要求是"节"，男子才是"忠"，那么"女忠"由何而来？又是什么原因使得陈、李二夫人同时称"忠"呢？

事情还要从明末霍邱的那场战争说起。崇祯八年（1635），高迎祥、张献忠等领导的农民军挥戈江淮，正月初八围攻霍邱。恰逢此时，知县大人离城外出，他的"巧妙缺席"让守城一方失去领导核心，城内军民方寸大乱。这个缺席的县令叫黄日芳，关于他的情况，我们稍后再做介绍。

陈、李两夫人的"女忠"事迹，就发生在兵兴城破之际。接下来，我们通过四则史料，简要回顾一下事件的始末。

其一，《明史》卷三百三《列女三》载：

> 黄日芳妾李氏、陈氏。日芳知霍丘县，崇祯八年，赍计簿入郡。流贼突至，围城。二人相谓曰："主君未还，城必不守，我两人独有一死耳。"密缝内外衣甚固，城陷，南望再拜，携赴藏天涧死。越三日，日芳至，号哭涧侧。两尸应声浮出，颜色如生，手尚相援。①

---

① ［清］张廷玉等撰：《明史》，中华书局，1974年，第7745页。

这则史料生动再现了两夫人慷慨赴死的过程，其中四个细节值得关注：一是"以死谢主君"。面对异常紧张的形势，两人虽是妇道人家，却能准确预判其"主君"外出，"城必不守"的结果，并且做出了最坏打算。二是"密缝内外衣甚固"。其意义自不待言，这恐怕是作为知县夫人（包括姜室），其个人所能做到的守贞的最佳方式。三是城陷后的"南望再拜"。这句描写非常细腻——遥相拜别，以谢夫恩，彰显了官宦之家的"夫妇大义"。四是"携赴藏天涧死"。两人虽为英、皇，但情同姐妹，携手赴死，了无嫌隙。材料中两夫人赴难处为"藏天涧"，该涧位于城西，地势低洼。万历《霍丘县志》第二册《形胜》载："藏天涧，县治西，水由回龙桥穴城入淮。"藏天涧得名既久，笔者撰文时，该涧及周边建筑正遭拆迁，不复旧貌。

客观地说，这是一条充满主观想象的史料，以上所说的四点，除了死亡本身，其余都无从记录与考证，大抵是后世史官、封建卫道士们的想象发挥罢了。

拆迁中的藏天涧旧址（图中凹陷处）

其二，乾隆《霍邱县志》卷八《贞洁》载：

　　陈氏、李氏，县令黄公日芳室中英皇也……夫人闻贼至，乃相谓曰："夫在，城必可守；今出，独我两人耳。妇人，从夫者也。夫出，无可从，应以死谢夫。夫职，守城者也，夫出，城不可守，应为夫以死谢国。"密线缝内外衣甚固，南望再拜。城陷，相携赴藏天涧死。

这则史料与《明史》的记载相似，《明史》刊刻于乾隆四年（1739），乾隆
《霍邱县志》修成于乾隆十九年（1754），两书时间接近，材料或出同源。不
同之处在于乾隆《霍邱县志》中陈氏遇难前的言语更趋理性，也更符合纲常
伦理。

　　"三从四德"是封建社会用于约束女性的行为准则与道德规范，其中"三
从"即"未嫁从父、出嫁从夫、夫死从子"。就乾隆《霍邱县志》的记载而
言，两妇人所遭遇的，是"三从"之外的特殊情况——夫出，却未死，子幼，
城将破；两妇人所选择的，不仅是以死守贞这么简单的作答，更是有其深层
地逻辑分明地考量：对于普通妇女而言，夫出城危，"以死谢夫"，守贞之举
已极矣，但对于两妇人的特殊身份——地方父母官、守城第一责任的妻妾而
言，不仅要"以死谢夫"，更要为夫补位，代夫履责，"以死谢国"，唯其如
此，才能凸现"女忠"的形象，体现出有别于一般贞妇的崇高。当然，这段
对话出自两人"相谓"，也就是互相交谈，旁人无法聆听，自然也就不可能记
载下来，其导向作用可谓明矣。

　　其三，穆彰阿《（嘉庆）大清一统志》卷三百三十九载：

　　　　黄日芳妻陈氏，沔阳人。日芳令霍邱。崇祯八年，流贼至，城将破，
　　陈抱妾云氏所生子畀老妪逃出，又顾妾李氏曰："吾无德于汝，当舍我
　　去。"李泣不去，同往治后，赴水死。①

和前两则相比，这段材料流露出更为丰富的信息，譬如陈氏籍贯为沔阳；譬
如黄日芳除了妻陈氏、妾李氏外，还有一妾云氏，并育有一子，此子尚幼，
陈氏将其交与老妪设法逃离；又如交代了两妇人死难处在"治后"，这与《明
史》所说的"藏天涧"方位吻合。同样，这则材料也充斥了史家的种种虚构，

———————

① ［清］穆彰阿撰：《（嘉庆）大清一统志》，四部丛刊续编景旧抄本。

譬如陈氏与李氏的对话，特别是"吾无德于汝"的私房话，不太可能有第三人知道，这些都需要今人悉心审辨。

其四是乾隆《霍邱县志》卷十《艺文》中的《女忠祠碑记》。该文创作于明崇祯九年（1636），也就是两妇人遇难的次年。前引的三则材料都出自清人记载，因此这篇明人碑记的史料价值更显重要，其在记述两妇人遇难细节时说：

> 侯之内阃陈、李二夫人闻变，矢曰："夫在，城必可守；今出，独我两人耳。妇人，从夫者也，夫无可从，应以死谢夫。夫职，守城者也，夫去城矣，应为夫以死谢国。"其藏身之处乎，必城之深涧者，自相萦抱，并投而死。

这段文字至少反映了三方面问题：其一，前文乾隆《霍邱县志》卷八《贞洁》中的"谢夫"与"谢国"论，《女忠祠碑记》是其源头，作者李长庚是其"女忠"品断的首倡者；其二，碑文并未提及两人"密缝内外衣甚固"以及"南望再拜"等细节，因此或为后人杜撰；其三，黄日芳另有一妾云氏，以及陈氏危难之时为夫护持"香火"之事亦未提及。综合来看，两妇人特别是陈氏的形象在后世如雪球般越滚越大，经过清人的精细雕琢，一座冰雕般更加坚毅、更加饱满、更加符合"需要"的"女忠"形象便矗立在众多史志中。

接下来，我们略谈谈知县黄日芳及其"缺席"问题。

乾隆《霍邱县志》卷六《职官》载："黄日芳，湖广沔阳进士。"沔阳即今湖北省仙桃市。关于他的临阵"缺席"，就《霍邱县志》以外的材料看，大概有三种说法：

其一是不署姓名、不具原因。譬如夏燮《明通鉴》卷八十四云："时霍邱知县弃城遁。"[1] 清代官修的《胜朝殉节诸臣录》卷五云："崇祯八年贼至，知

---

[1] ［清］夏燮著：《明通鉴》，中华书局，1959年，第3219页。

县逸去。"① 戴笠《怀陵流寇始终录》卷八载："庚申，贼自固始破霍丘，知县公出，家人俱死。"② 万斯同《明史》卷三百七十八载："知县适他往，其家属尽死。"③ 等等。这些记载虽各有不同，但大体可归为两类："逃"与"缺"。其中"逸去""弃城遁"约等于"逃跑"，算是比较严重的断语；"公出""适他往"属于"因故缺席"，只不过具体原因避而不谈。

其二是"赍计簿入郡"。这是个重要问题，涉及黄知县的"清白"。反映该问题的材料出自《明史》，其卷三百三《列女三》载：

> 黄日芳妾李氏、陈氏。日芳知霍丘县。崇祯八年，赍计簿入郡。流贼突至，围城。④

上文透露出黄日芳"缺席"的具体原因，即"赍计簿入郡"。何谓"计簿"？那是古代计吏们登记户口、赋税和人事的簿籍。何谓"赍计簿入郡"？赍者，持也。为何要持计簿入郡？这里涉及古代一项重要的行政制度，即"上计制度"。简单地说，就是地方行政长官定期向上级呈报"上计文书"，比如县令在年终要将该县的户口、垦田、钱谷、刑狱等情况编制成计簿，呈送到郡。郡守再根据基层的上报汇编为郡一级的计簿，上报朝廷。朝廷视上报情况进行考核，分别予以升降赏罚。一般来说，县一级上计在岁末，黄日芳选择正月初"赍计簿入郡"颇有些晚，但也合理，至少事出有因。如果此说成立，那么他被斥"弃城遁"就显得"委屈"了。

其三是"考满智脱"。如果说"赍计簿入郡"是执行公务，黄日芳的"缺席"无可厚非，那么《道光重修仪征县志》的记载无疑将问题引向深入，其卷三十三云：

---

① ［清］官修：《胜朝殉节诸臣录》，清文渊阁四库全书本。
② ［清］戴笠撰：《怀陵流寇始终录》，清初述古堂抄本。
③ ［清］万斯同撰：《明史》，见《续修四库全书》，上海古籍出版社，2002 年，第 656 页。
④ ［清］张廷玉等撰：《明史》，中华书局，1974 年，第 7745 页。

　　崇祯八年，闯逆东下急，值县令黄日芳考满，预请以城守嘱可大，可大不知也。月正之八日，贼首罗汝才、高如岳围霍邱城，城弹丸无白梃举（按：原文注曰：《府志》作"城邑凋敝，素无精械"），乃慨然任之。①

根据上文，黄是在明知"闯逆东下急"的前提下，借故"考满"而"机智脱身"。临行前"以城守嘱可大"，说白了，就是把风雨飘摇、倾颓在即的"烂摊子"丢给倪可大。黄日芳应该是对战争的形势和小邑霍邱的"抵抗力"有充分预判的，所以才会向上级"预请"，移交守城重任，可惜倪可大一介教谕，哪里能看得清、猜得透，何况中间还隔着县丞（二把手）张有俊。"代理知县"一职来得太过突然，所以材料说"可大不知也"，这里的"不知"，既指不知黄日芳会临阵"缺席"，亦指不知"贼"势之凶猛、守城之责重若千钧。

　　综合以上三说，大致可以得出两个结论：一是黄日芳确是按公务规定，"赍计簿入郡"，机缘巧合躲过一劫，或许其主观上并未有"弃城而遁"的故意，客观上城陷后，其妻、妾俱亡，黄日芳本人及其全家也是受害者，因此可视作意外；二是黄日芳在明知危城难保的前提下，预先做出逃跑的安排，并将守城之责交给毫不知情的倪可大，造成指挥机构内部失调，加速了古城"沦陷"，其性质可谓恶劣，其结果可谓惨烈。

　　以上是通过《霍邱县志》之外的史料进行的综合考量，那么县志，特别是乾隆《霍邱县志》卷十所载李长庚的《女忠祠碑记》中，又是如何记载和评价黄日芳的？

　　先看作者对黄日芳到任后守备经营的描述：

　　崇祯间，流寇之害，视尧之浲水。江以北，河以南，所在戒严。霍邱令黄侯至邑，清赋恤瘵，平情戢究，无不就其窾会。爰讲桑土之谋，

① ［清］王检心修；［清］刘文淇、［清］张安保纂：《道光重修仪征县志》，广陵书社，2015年，第1111页。

　　伍什棋列，拣精锐以备干掫，若戈矛，若弓炮，若罚礌瓶甀，备之惟恐不及。

这段文字还原了彼时霍邱城的内外形势，以及黄知县的实际作为——他关怀民瘼，桑土绸缪，蓄养精兵，常备弓矢。在他的筹划和带动下，古城守军士气高昂。作者借众人之口说："寇至，则惟君侯之指臂心腹，是联是使。"足见官民一心、众志成城的"决战"态度，这是在其他史料中未曾一见的。

　　其后，作者描述了黄知县"缺席"的具体情况：

　　岁首，侯三载告绩，故事，躬领钱谷之数，听命上台，上台允而疏闻于廷，方始还任，不意贼飙豫飘忽而走。

文中所谓"告绩"和前文所说的"赍计簿入郡"意思相同，可以看作黄侯"因公缺席"的直接证据。不仅如此，碑记还详述了黄侯返县后，看到全城疮痍、妻妾皆亡，不禁失声痛哭，士绅百姓将其"冤屈"向有司泣诉，再由使者"备陈其事于廷"的过程。作者特别写道：

　　时功令方严，天子独念侯以考成公事而出，变起意外，受害惨甚，及里民巷战，尾追完保诸状，仍令还职，以从民情，其在近日称异数也。

这段话至少可做三方面理解：

　　首先，黄侯"缺席"的理由是得到"天子"认可的，合情合理，无可厚非。

　　其次，"天子"的宽容与赦免是建立在黄侯自家受难、里人巷战英勇、民众奔走请愿的基础之上的，不是随意的恩赐。

　　再次，黄侯遇赦并官复原职，是在"功令方严"的整体情势下获得的，愈显圣上"明察秋毫"，也进一步印证了黄侯"缺席"理由的正当性、真实性。

那么，如何看待碑记就黄侯"缺席"原因的记载与前文列举的《霍邱县志》之外史料相矛盾的问题？

其一，霍邱城陷发生在明崇祯八年，《女忠祠碑记》作于次年，从时间上看，碑记叙事较早，可信度相应地就更高。

其二，碑记所载的黄侯"缺席"与圣上赦免，涉及最高统治者的判断与决策，若黄侯确是"弃城遁"或者"阴逸"，未免有欺君之嫌，碑记作者李长庚也必有欺君之危。

其三，正如《道光重修仪征县志》在对这场战争的描述中，过于褒倪贬黄，竭力塑造其乡贤倪可大"烈愍"形象一样，《女忠祠碑记》也无可避免地掺杂了作者的个人情感因素，这表现在：一方面，作者李长庚是湖北麻城人，与黄日芳是小同乡，他直言"余，楚人也，于侯为乡，于霍为邻"，毫不避讳两人的特殊关系。另一方面，作者也将两人从政道路上的交集，特别是在"甲戌（1634）之春"其担任要职时将黄侯的政绩"实为一等"的旧事载入碑记。作者自信地谈道，自己对黄侯宰霍时"其见闻最真切"。这些情感因素，也势必影响碑记内容的客观程度，但总体来说，《女忠祠碑记》填补了黄日芳守备、公出、遇赦等方面的文献空白，为我们多角度了解事件过程、探寻历史真相提供了线索。

最后，谈谈本文标题中使用"忏悔"二字的缘由。

"忏悔"本是佛家用语，清代袁枚在《新齐谐》卷二十三《石揆谛晖》中说"夫儒家之改过，即佛家之忏悔也"①，大抵用以表达真心悔过并请求宽谅。

忏悔是主观的、个人的、隐秘的，对于曾经的过错甚至是罪恶，是否真正做到了忏悔，除了当事者，旁人一无所知，因此，标题中的"忏悔"暂被加了引号。

但问题是，无论黄侯"缺席"的真实动机如何，面对屠城后的惨状，特别是想到其溺亡的妻妾、失散的子嗣，当他独立于女忠祠前，是否曾有过真正的忏悔？

---

① ［清］袁枚著：《新齐谐》，齐鲁书社，2004 年，第 438 页。

对于这个问题,答案本身并不重要,之所以如此设问,是为了更加全面地分析黄侯在城陷后的种种作为。

首先,女忠祠的营建,表面上看是邑绅林冲霄表奏两妇人事迹,获得有司的认可,遂立祠享祀,实际并没这么简单。《女忠祠碑记》中介绍了林冲霄对"女忠"的阐释:"女以从夫,代夫为忠,匪女独忠,表夫忠也。"这可谓创造性地发挥了儒家的纲常伦理——既然两夫人代夫为忠,那么这个"忠"就不唯两夫人所独有,而应将黄侯涵括在内,这才是建"女忠祠"的完整意义之所在,因此黄日芳才会全力以赴选址建祠,才会铆足气力恳托身居高位的同乡撰写碑记。不仅如此,黄的肖像也被高高悬挂在女忠祠内,同治《霍邱县志》卷一《营建志》载:"邑人林冲霄题其额曰'女忠',并肖公像而祀之。"与其说这是两妇人的"享殿",不如说是黄侯的生祠。

其次,乾隆《霍邱县志》卷三《公署》载"丁丑岁",即崇祯十年(1637),黄日芳以监军身份途经霍邱,重访女忠祠,并自书赞文,其文曰:

> 汝气粗直而性恺悌,知着谅其无他,不知者未免诟厉也。汝何隐匿而奇祸是罹?忠孝既无归着,胡不妻孥之为计也?士民之心,各有所系也,则此巍然之泥土,不必其似也。

或许黄监军早已意识到后世或将对其"不谅"甚至"诟厉",面对女忠祠中仍未褪色的自己的肖像,他连发两问,句句切中肯綮:首问中,他谈到自己的"隐匿"以及遭遇的"奇祸","隐匿"一词大概可以看作他对当年"缺席"的自我审判;次问同样是深刻的自我省思,忠孝无归着,妻孥无庇护,有何颜面苟活于天地间?

近四百年后,再读这段史料,我们不禁要问,黄日芳的这"两问",算是他的"忏悔"吗?

杜甫《赠卫八处士》诗云:"明日隔山岳,世事两茫茫。"往事的浮尘、历史的劫灰早已为执帚者洒扫干净,就连女忠祠也早已片瓦无存,那些裹藏在荒墟中的种种真相,又何尝不是隔山岳呢?

　　清咸丰七年（1857），江淮地区的农民起义军（捻军）和太平天国军联合，猛攻霍邱城，邑绅黄植璋率勇昼夜巡防东门，城破遇害，其子春元亦死之。

　　黄植璋者，前明霍邱知县黄日芳九世孙也。

"烈愍"教谕倪可大

明末的霍邱城北门外，有座古朴静穆的祠堂①，人称"倪公祠"。每逢正月初九或是清明，百姓争相簇拥前来祭扫。祠内供奉的是县学的一位教谕，名叫倪可大。

倪可大不是霍邱本地人，他出生于江苏仪征，明代天启年间千里迢迢来到霍邱，用鲜血和生命浇灌了这片异乡的土地。

在之前的篇目中，我们介绍了崇祯八年（1635）正月霍邱古城经历的那场战争，读过的朋友大概知道，在兵临城下之际，县令黄日芳却"因公缺席"，此时一介教谕倪可大挺身而出，代位守城，不幸被执，全家十一口遇难。乾隆四十一年（1776），清廷赐谥"烈愍"②。

遗憾的是，包括《明史》在内的众多史籍鲜有对倪公守城的记载，明清《霍邱县志》除了其为官信息外，再无更多的介绍。寻找他的材料颇费周折，好在倪公家乡的《道光重修仪征县志》（以下简称《仪征县志》）卷三十三中细述了这位游子的生平，为我们重新认识先贤提供了宝贵资料。

接下来，我们从十个方面对《仪征县志》中涉及的倪公情况略做提炼，以便还原其在霍邱为官，特别是从容遇难的细节：

其一，根据该志，倪公于天启间通过"岁荐"来霍为官，"甲戌"（1634）授学训，"丁丑"（1637）遇难，居霍共四载。结合《明史》等资料（参看前

---

① 该建筑有庙、祠两说，本文从《仪征县志》。
② 关于倪可大的谥号，有"烈愍"和"忠愍"两说：前者如《（嘉庆）大清一统志》卷一百二十九："赐倪可大谥烈愍。"（见［清］穆彰阿撰：《（嘉庆）大清一统志》，四部丛刊续编景旧抄本）《通鉴纲目三编》卷三十六："乾隆四十一年，追谥尹梦鳌忠节，倪可大、张鹤腾烈愍。"（见［清］张廷玉撰：《通鉴纲目三编》，清文渊阁四库全书本）后者如《清通志》卷五十四："通谥忠愍五百七十二人，霍邱教谕倪可大。"（见［清］官修：《清通志》，清文渊阁四库全书本）本文从前者。

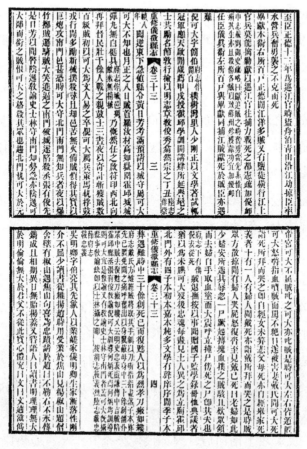

《（道光）重修仪征县志》记载了倪可大的事迹

文《女忠祠前的"忏悔"》），霍邱城破、倪公遇难是在崇祯八年（1635）正月，同时，乾隆《霍邱县志》卷六《职官》亦云"倪可大，仪真人，七年任，八年被贼执，不屈死"，因此《仪征县志》中的"丁丑"（1637）应为"乙亥"（1635）之误，实际上倪公在霍邱为官、生活应该是两年。

其二，两年间，他开讲所、请名师、育俊秀，受到士林尊崇。值得注意的是，《仪征县志》中提到倪公来霍是担任"学训"一职，明清《霍邱县志》皆言其为"教谕"，《仪征县志》说倪公代位守城时，另有"教谕史士林守南门"，这里存在两种可能：一是据乾隆《霍邱县志》卷六《职官》之"教谕"条载"史士林，镇江举人，四年任"，又据"倪可大，仪征人，七年任"，可见二人为前后官，不应有交集，《仪征县志》记载有误。二是《仪征县志》这段材料末尾的原注中也谈到了这个问题，并解释为因倪可大临时担任"代理知县"，故由史士林担任"代理教谕"。据《明史》卷七十五《职官志》，县一级建置设"教谕一员，训导二员"①，如果此说成立，那么倪公任教谕时，史士林可能是训导，《霍邱县志》对史士林任职时间的记载出现了偏差。

其三，城围之际，县令黄日芳却借"考满"之故，预请将守城重任交与倪可大，但倪公本人并不知情。关于这一点，我们在《女忠祠前的"忏悔"》中做了分析，不再赘述。

其四，倪公接手的霍邱城"城邑凋敝"，面对"劲敌"罗汝才、高如岳部，几无防御能力，但他临危不惧，拜印接守，昼夜督战，并用"奇计"杀"敌"百余人。

其五，虽然倪公日夜值守，积极抵抗，无奈军备落后，特别是"苦无火备"，被农民军探得虚实后，用巨炮轰击南门。当时倪公负责坚守北门，南门防御力量相对薄弱，不久便陷落，县丞张有俊被杀。

其六，是役，守城官员舍生取义者有之，临危逃窜者亦大有人在，除"阴逸"的县令黄日芳外，还有戍守南门、遭遇猛攻后同样"阴逸"的教谕史士林，以及城破后"遁匿"的其他官吏。

其七，农民军攻下南门后，因记恨倪公杀其士卒，便快速往城北奔进，并于北门附近的元帝宫将其捕捉，而后双方激烈叱骂，倪公"嚼指血喷贼"，遂遇害。

其八，倪公遇害后，其妻戴氏闻得消息，不顾安危赶往其死难处，拜尸而泣，其后"自经"（上吊）绝命。彼时倪公之女尚幼，听闻父母皆亡，也以自经的方式结束了年轻的生命。

其九，《仪征县志》在正面记述倪公全家遭遇之外，又通过民间传奇的搜罗，侧面刻画了倪公夫妇的"忠节"形象。比如当戴氏的死讯传来，百姓为之恸哭，有少妇自发前往戴氏自经处祭拜，不料其哭声引来"贼众"，幸有未僵之尸"蹶起"扑"贼"，方才平安，其后该女子惊讶地发现保护自己的"尸

---

① ［清］张廷玉等撰：《明史》，中华书局，1974年，第1850页。

体"正是其丈夫，于是撞死在尸首旁，与之共赴黄泉；又如倪公就义后，其忠魂常在白天游走于古城，百姓见之诧异，于是在北门外为其建祠，以安魂固魄，这便是本文开头提到的那座倪公祠的由来。

其十，文中还反映了倪公的子嗣情况。倪公有四子一女。其幼女前文已有介绍，四子分别为本初、本嘉、本纯、本彝。前三子雅好文学，颇有文名，值得一提的是其忠厚孝勇的幼子本彝。其母戴妇人自经后，"贼寇"发现她胳膊上戴有手钏，打算抢走，但毕竟是在尸体的手腕上，"贼寇"不便或许也不敢摘取，于是用刀将戴夫人的手指一个个剁下。这一幕被躲在一旁的本彝看见，他原本可以继续躲藏，免遭灾祸，但仇痛难忍，于是决计杀身成仁——他扑在母亲的尸体上，用血肉之躯护持母亲最后的尊严，任由对方挥砍，身中三十余刀，终于倒在血泊中。或许是他的孝行感动了上苍，"贼"退后，他竟奇迹般地苏醒，虽说保住了性命，刀疤却布满全身——与其说是三十多道纵横交错的刀疤，不如说是以坚韧的意念串起的竹简，用喷涌的鲜血书写了"忠孝"二字。

接下来，细心的读者不免要问：倪公赴难后葬于何处？如今的霍邱城里还有倪公坟、倪公庙吗？

这些问题并不难回答，但要把问题说清楚，需要参考闵尔昌《碑传集补》卷三十一中的《赠国子监助教上元学教谕夏先生衣冠墓表》（以下简称《墓表》）①。该文作者是清代道光年间的著名学者刘毓崧（字伯山），其父刘文淇（字孟瞻）精研古籍，与刘宝楠并称"扬州二刘"。刘毓崧缵述先业，治《左氏》《春秋左氏传大义》等，著述颇丰。

这篇《墓表》的撰述对象本应是作者父亲的"道友"，同时也是其乡贤、上元县教谕、赠国子监助教、入祀当地忠义祠的夏庆保先生，所撰述的夏先生事迹，也本应是其在"粤寇之难"中悲壮殉节的行状，但作者却通篇采用对比手法，将同是其乡贤的明代倪公和清代夏公做了细致入微的比较。通过六方面的对比，《墓表》展现了倪公为官清正、险危不辞、指挥若定、慷慨就

① 闵尔昌录：《碑传集补》，民国十二年刊本。

义、教子有方和百姓爱戴的人格精神。文末说道："（倪公）灵榇返葬朴树湾，而霍邱人敬其英爽，立专祠于北门。"这是一条十分重要的文献资料，由是可知，倪公的灵榇被运回生养他的土地——朴树湾（今仪征市朴席镇），魂兮归乡。

不知从何时起，霍邱北门外的倪公祠渐渐消失了，在清代四种《霍邱县志》中，均没有这座专祠的身影。孟浩然《与诸子登岘山》诗云："人事有代谢，往来成古今。"如今的霍邱北关车水马龙，街肆鳞次栉比，人们恐怕很难想象，近四百年前的一个正月初九，一位来自异乡的教育长官，为了庇护百姓，曾经血染古城，恪尽职守，全家遇难。

历朝农民起义的直接目的是反抗封建统治阶级特别是其腐朽势力的剥削压迫。在明末风雨飘摇的特殊时代，民不堪命，怨声四起，阶级矛盾空前激化，倪可大所效忠的正是那末世的腐朽政权，其个人哪怕是付之以血的努力，也难以力挽狂澜；同时，《仪征县志》记载倪可大的事迹时，并未介绍其材料来源，而且在情感表达上过于褒扬，包括倪公生平在内的诸多细节与实际情况不尽相符，还夹杂了一定的"玄幻"因素，这些今人读时自然也会加以审辨。但不能因此忘却倪公，更不能因此抹杀倪公护城保民的丰功伟绩——他的忠义、果敢、尽职与担当，无论星移斗转，朝代更迭，都应是后人学习、倡导与珍视的宝贵精神财富。

忠魂不泯，浩气长存。历史不会也不能忘记"烈愍"倪公，他的第二故乡——古城霍邱，至今似乎仍欠他一座挺拔的纪念碑。

荆棘丛中的“汪氏三烈”

明崇祯八年（1635），农民起义军围攻霍邱城，经过昼夜激战，于正月初八攻破南门，其后遭遇城内军民的激烈抵抗，遂而演化为屠城惨剧。包括县丞、教谕在内的地方官员以及当地士绅战死，大量无辜百姓罹难。其中，古城妇孺被祸甚深，但她们以特殊的方式表达了对命运的抗争，尤以“汪氏三烈”最为典型。

清代赵宏恩《（乾隆）江南通志》（以下简称《通志》）卷一百八十一《人物志》载：

> 汪良夔妻江氏，霍邱人。流寇至，刃其舅姑。氏令二女遁匿，饵贼以钱帛，诱及河滨，奋身入水，贼刃毙之。越二年，贼又至，二女避贼舟中。长从舱中跃入河，季继之，为贼所持，挈之登岸，季恐辱身，极口詈骂，激其怒。贼肢解之。人称“汪氏三烈”。①

上文所反映的是鲜活、生动又惨烈的汪氏一门女性的抗争纪实，仿佛沉闷夜空的一道闪电，无情地劈开了那个阴云密布的特殊年代，让我们在三百余年之后，仍能清晰地看见黑暗时光中的历史瞬间。

材料中汪良夔之妻江氏的籍贯已经交代，但汪良夔是否是霍邱人？“汪氏三烈”的惨剧是否发生在霍邱？从《通志》该卷之后的相关记载可以做出肯定的判断，同时，参看《大清一统志》（以下简称《一统志》）卷八十九，有利于更清晰地还原事件的全过程：

---

① ［清］赵宏恩修：《（乾隆）江南通志》，清文渊阁四库全书本。

　　　　汪良夔妻江氏，霍邱人。崇祯中被盗，氏令二女亡去，投河死。后值流寇至，二女及笄未嫁，为所掠，俱骂贼被杀。①

　　以上两则史料内容相近，从对"三烈"事迹本身的描述来看，赵宏恩着墨更多，也是充满表彰色彩的，当然这不是赵的个人倾向，而是整个封建意志的驱使。在赵氏笔下，"三烈"可谓各有特征：母亲江氏果敢机智，为了保全两小女，她以钱帛"饵贼"，诱其至河滨，而后"奋身入水"，最终死于因受骗而气急败坏的"流寇"的刀刃下。两年之后，"流寇"复来，两个全然失祜、相依为命的姑娘匆忙间"避贼舟中"，而后长女从船舱纵身入水，次女继之，但还是被捉去。因担心受辱，两人（前文仅言"季女"一人）竭尽全力破口大骂，终于激怒对方而惨遭肢解。要知道，两个如花年纪的姑娘，面对杀红眼的"流寇"，竟能将对方骂到甘愿放弃唾手可得的"战果"，"迎来"肢解的"快意了断"，唇齿间该是凝结了多少不共戴天的仇愤。时至今日，隔着历史隐隐的雷声，借着这道刺目的闪电，我们似乎还能听见姐妹俩声嘶力竭的"极口詈骂"……

　　封建时代的历史书写，往往掺杂很多的"隐语"——由于包括作者在内的"当时人"不可能是历史事件的"当事人"，文中便不可避免地隐藏着一些充满主观色彩的想象，以及由此产生的个人判断，譬如材料中刚烈的汪氏，其行状如果仅止于"机智"诱敌而保全两女，未必能入《人物志》。

　　在材料的开端，史家就告诉了读者两个重要信息：一是当家难来临时，江氏的丈夫汪良夔却不见踪影——或许是早亡，于是江氏代位成为"顶梁柱"，这是"烈"的前提；二是在"流寇"来袭、舅姑（犹霍邱方言中的"老公公"和"老婆子"）业已被杀的既定事态下，江氏才毅然选择舍身护女，否则置舅姑于不顾，便与封建正统观念所不符，这是"烈"的准备。在此基础上，江氏最终实现毫无顾虑的"烈"而全"节"——既全侍奉舅姑、抚育子女的"大节"，又全守贞不污、坚贞不屈的"小节"，可谓"功德圆满"，死而

---

① ［清］穆彰阿撰：《（嘉庆）大清一统志》，四部丛刊续编景旧钞本。

无憾。

在江氏去世后的两年间，"全节"的英雄母亲的事迹想必口耳相传，尤疑也感染了两个女儿，于是当灾难再次来临，她们毫不犹豫地选择"全节"赴死，最终与母亲并身"三烈"。客观地说，就该事件的记述水平而言，《通志》显较《一统志》更丰富，也更"高明"，汪氏一家五（或六）口惨遭灭门的厄运，特别是"三烈"的凛然大义，也就更直观立体地凸显在读者面前。

在那个特殊的年代，"汪氏三烈"还只是这座古城若干女性悲戚命运的缩影，《通志》之中，黄泉之下，多少英骨深埋，簪钗锈蚀，令人扼腕叹息：

> 汪可奇妻陈氏，霍邱人。子毓秀，媳王氏。怀宗时流寇陷城，陈被执，加之以刃，不屈。长子毓秀起救，死之。其媳王氏奋身以护，亦被杀。

和舍身护犊的"英雄母亲"江氏不同，这段文字突出的是陈氏婆媳二人。城破之时，陈氏被抓，"流寇"威逼以刀刃，陈氏凛然无畏。这位陈氏似乎有了些年纪，也有不止一个孩子，其中长子汪毓秀已经成家，眼见母亲受辱，本能地奋起相救，结果惨死在母亲和妻子面前。儿媳王氏目睹惨状，不愿苟活，亦不惜性命，"奋身"保护婆婆，同样遇难……

又如林冲汉妻朱氏，城陷后，她默默守护丈夫的灵柩，"不忍远逃"，当"寇贼"闯进自家小院，"（朱）氏力拒贼，断其两手而死"。张汝敬妻蔡氏，城破之时，其家人纷纷选择逃离，唯独蔡氏不去，不仅不去，她的抉择与行止着实令人震撼，只见她"整衣拜先祠，合户自经（上吊）"。面对故园倾圮、亲故星散，她用一连串从容的动作——整衣、拜祠、合户、自经，给家人、给亲故、给流血的小城、给同遭劫难的生灵、给曾经平凡的生活，同样也是给"寇贼"以铿锵的作答。从她身上，我们似乎看到了久违的近乎"君子"的人格力量——静而后安，从容自威，超越性别、苦乐、治乱与生死，用洁净的长绢作绳索，给短暂生命系出最圆满的结局……

此外，还有"妻妾俱缢"的程翼圣妻汪氏、沈氏，"姐妹双投（河）"的万言妻吴氏及其胞妹，"正侧同溺"的县令黄日芳妻陈氏、侧室李氏，"遇贼不辱"的林起翰妻裴氏、汪长清妻詹氏、王璇妾杨氏……

　　史家对战争的书写，多是以胜负、伤亡或者战术优劣为重心的，在战争中饱受摧残的老幼妇孺，特别是女性的悲戚，往往用以激发"民愤"，用近乎残忍的展览伤口的方式加深百姓对施暴者的入骨痛恨，这是封建统治阶级的政治需要，也是官修史书的常用手法，譬如上文"整衣拜先祠"的蔡氏，再高明的史家，恐怕也只能查验其死亡的结局，所谓整衣、拜祠、合户，不过是主笔者的想象罢了。此外，今天的读者还应看到，文献所记载的这些受难女性，多出自"驷马高门"的大户人家，譬如朱氏，乃林冲汉之妻，林冲汉者，明末霍邱籍进士林冲霄胞弟也。林冲霄不仅因功名入祀乡贤祠，同时还是清代首部《霍邱县志》的起草者，这就决定了朱氏的事迹不会为方志遗忘，而大量无辜妇孺的辛酸血泪，我们却无缘得知，淹没在寂静无声的淮水中。

　　如今，干戈止息，硝烟散尽，古城百姓大概很少会去关注明末的那场战事，自然对那些"贞妇烈妇"的姓名，以及发生在她们身上的残酷往事感到陌生。可是，她们也曾是这座小城的主人，也曾是当年城中最娇艳的花朵。三百余年后，古城春风又绿，谁来告慰"汪氏三烈"，特别是于一片荆棘丛中，曾被母亲江氏舍命保全，最终仍死于非命的两个"及笄未嫁"的无辜的生命？

咸丰七年的古城烽烟

　　翻开任意一本古代《霍邱县志》的《兵事》篇，里面都记载了有关古城所经历的大大小小的战争，其中规模最大、斗争最激烈、记载最详实的，要数发生在咸丰七年（1857）的这场由捻军主导，联合太平天国军队共同发起的针对晚清霍邱地方政权的战争。

　　近年来，已有部分学者就其中涉及的问题展开讨论，特别是注意到"霍邱会师"在捻军发展史中的重要意义，不过总体来看，相关研究还在起步阶段，特别是同治《霍邱县志》中的丰富史料至今仍无人问津，有待深入发掘。这些史料零星呈现在邑人所作的诗文中，形象生动，真实可感，略做梳理，或可补史之缺。

　　捻军是一支活跃在长江以北皖、苏、鲁、豫四省部分地区的反清农民武装力量，与太平天国处于同一时期，给晚清腐朽的封建统治阶级以沉重打击。咸丰五年（1855）秋，各路捻军在雉河集（今属安徽涡阳）会盟，推举张乐行（又作张洛行）为盟主，建号"大汉"，确立了黄、白、蓝、黑、红"五旗军制"，制定了《行军条例》十九条，从此告别各自为战的松散状态，成为有集中领导的正式武装力量。其后，捻军与清军围绕雉河集展开激战。咸丰七年（1857）二月，张乐行失守雉河集，带领捻军主力南下，积极寻求战略补给，恰值此时，一场谣言让偏僻的小城霍邱进入了捻军的视野。

　　据同治《霍邱县志》卷十六《杂志》载，当时霍邱城内遍贴告示，要求"只许粮谷内运，不许升米外搬"。一时间谣言四起，说霍邱城内积粮有百万石之多。时值荒年，斗米千钱，此言一出，顷刻间霍邱成为各方关注的焦点。很快，捻军首领龚德树（又作龚得树、龚得）率十万之众，兵锋直抵霍邱。

　　从现有记载来看，这场战斗根据参战部队的数量和攻防形势的转换，大致可分作两个阶段。捻军前后经历围城、受挫、转移、联合、再围城，最终取得胜利。

第一阶段是由捻军与古城守备力量展开单独较量。同治《霍邱县志》卷十五《艺文志》中，载有邑人刘灿所作的长诗《丁巳霍邑城陷纪事》（以下简称《纪事》），作者在正文以下以小注的形式，记载了双方的交战时间、交战地点：

> 二月初八，"贼"至。
> 二月初九金公自寿来援。
> "贼"迎战于城东五里冈。
> 二月初十，"贼"解围，往六。

寿县正阳关古城门

由此可见，捻军围城是在二月初八。城围之际，面对强大的对手，知县王启秀一方面向驻守正阳关的观察使金光箭求援①，另一方面寄希望于讲和，并向百姓宣称捻军只是借道而行，不必慌张。当时负责古城守备的丁勇经由招募而来，多是宿州人②，勇首叫"张乐志"（又作张落志），从这个名字，读者大概就能猜到，他是捻军首领张乐行的弟弟，于是古城内外就上演了特殊的一幕：双方兵刃相向，却都用宿州方言相互喊话，这无疑给守备一方平添了不安。

---

① 同治《霍邱县志》卷十五《艺文志》载裴正绅《忆昔》诗注云："（金观察）讳光箭，号廉石，直隶天津人。"

② 裴正绅《忆昔》诗云："署内尽宿勇。"按：该志所言"宿州"，即张乐行之籍贯"亳州"，下同。

　　围城次日，金光箭率领清兵从正阳关出发，增援霍邱，与捻军在城东的五里岗展开激战，其后捻军暂退，驻屯于河口集①。眼看霍邱城池坚固，守军又闭门拒战，为了尽快拿下古城的"百万石"粮草，捻军向太平天国军求援，请其派遣善挖地道的工兵支援。此时的太平天国经历"天京变乱"，部队损失惨重，因此也迫切需要联合北方的反清力量，于是两支部队在霍邱与六安交界处接触，完成"霍邱会师"②，从而进入联合作战（以下简称"联军"）的第二阶段。

　　二月十五日，联军再围霍邱，和第一阶段相比，该阶段并未发生大规模战斗。联军采用"明修栈道，暗度陈仓"的战略布局，一方面正面包围，间以小规模佯攻；另一方面，选择古城东门附近深挖地道，日夜不辍。

　　虽然做了周全的部署与掩护，但联军的这一作战意图还是被城内守军发现了。首先是太平天国军队的特殊装束，让守军很快识别出来，同治《霍邱县志》卷十五《艺文志》载裴正绅《忆昔》诗（以下简称《忆昔》）云："大队'贼'又至，长发裹红巾。"对方的强强联合让城内守军顿时乱了阵脚，知县王启秀再度求和，"许以金与马，退兵息战争"，却未获允，只好硬着头皮继续坚守；其次，挖地道的工事也被对方觉察，据同治《霍邱县志》卷十《人物志》载，城围后有岁贡生汪移孝（字霭亭）自请前往正阳关求助，途中侦查到联军正在开掘地道，于是迅速回城禀报，请求官家集资五百千，招募敢死队员五十人，计划用绳索拴住敢死队员并沿城墙放下，以破坏联军的工事支架，以此"城可保无虞"，不过由于官绅推诿迁延，这一计划无人响应。

　　经过八天相持，随着一声巨响，"轰然地道开，雉堞凌空起"（《纪事》），瞬间城池崩塌，瓦砾漫天。联军全力出击，一举拿下霍邱城。关于夺城的具体情况，在同治《霍邱县志》中有较详细地记载，比如《纪事》载"二十二日辰刻，城陷""城陷时大雨如注"；又如《忆昔》载：

---

① 裴正绅《忆昔》诗云："（捻军）蜂屯淠河滨，离城五十里，朝发夕可临。"
② 池子华著：《从雉河集会盟到霍邱会师——捻军战争形态转换述论》，载《安徽师大学报》（哲学社会科学版）1993 年 01 期，第 84—90 页。

> 廿二日昧爽，地中奋雷轰。
>
> 陷城十数丈，火攻烟雾腾。
>
> 漫空瓦石飞，匍匐崩嵩岑。
>
> 天阴泥泞滑，大雨惊倾盆。

"昧爽"即拂晓，结合这两种记载，可知联军破城时间为咸丰七年（1857）二月二十二日晨七时左右。此外，诗作者在"陷城十数丈"下有小注："东城二处"，指明了联军的突破口在古城东门附近，通过地道与火药并施，最终攻下霍邱城。入城后，联军发现城内并非如谣言所谓有集粮"百万石"，于是经过短暂修整，继续实施战略转移。据《忆昔》诗的记载，七月十二日，联军撤出霍邱城。

历代农民起义都是反抗阶级剥削与压迫的产物，作为封建时期县志的书写者，其不可能从自我革命的角度剖析问题，自然也就无法正确认识战争的本质。不过，反映在县志中，我们却看到截然不同的两种声音：一方面，从封建正统的叙事立场，记载了地方官积极向朝廷表奏，给予部分士绅家族"恩恤"，并推动在文昌宫的两庑建祠立祀，树碑镌刻死难者姓名。这两块石碑，一块叫"表忠碑"，上刻官绅民练（男性）名单，共一千五百零九人（见同治《霍邱县志》卷二《营建志》，下同），一块叫"节烈碑"，上刻妇女名单，共四百八十九人，以此凸显战争的残酷，转移民众视线；另一方面，《艺文志》中却又收载了诸多邑绅对这场战争的反省与认识，比如在同治《霍邱县志》卷十五《艺文志》中，就有邑人王则侨所作的《论淮南北善后事宜》，他将斯役之根源归结为两方面：

首先是地方官的自私贪婪与层层盘剥。王则侨说，道光末年，两淮地区的守令多是"贪儒"，他们"但求己肥，不问民瘼"，以至"有财者生，无财者死；有势者直，无势者曲"，不仅如此，贪财好利、仗势欺人的恶劣风气层层传递，导致"虎役蠹胥"，基层胥吏鱼肉百姓、狼狈为奸、借故讹诈，终致民怨沸腾，遂而酿成"大难"。

其次是地方官军"御捻"乏策，倒逼百姓纷纷入捻。面对捻军的"侵扰"，两淮百姓多"结寨自保"，但与捻军的规模和战斗力相比，实力悬殊明显，于是"诉诸官"。官方却"畏捻如虎"，只能紧闭城门，束手无策，于是"诉诸将"。将者却"希图苟免，不能为剿一贼"，终致百姓对官家彻底丧失信心，继而入捻"作乱"——这未尝不是彼时彼地的苦难百姓寻求活路的唯一选择。

综合以上两点，王则侨认为，捻军规模逐步扩大，"酿成巨祸，几至不可收拾"，并非老百姓心甘情愿的"作乱"，究其原因，还是用人的问题，是地方守令"不得其人"，麻木不仁、腐朽没落，"民困而不知恤，民怨而不知理，始有此祸耳"。随后，王则侨阐述了他的反思，也就是文中所说的"善后之策"——要选择"良吏"，特别是选好地方守令，应"勿信胥吏、勿徇情面、勿畏强敌、勿侮鳏寡、流亡必招、荒芜必垦、学校必兴、农桑必劝、节义必崇、奸宄必去"，唯其如此，才能使"桀骜之徒自化为恭顺、观望之辈自化为忠贞"。

只今而论，王则侨的"善后之策"虽然全面，却过于理想，即便在咸丰、同治时期清廷曾出现短暂的中兴，但清末统治阶级的昏聩、地方势力的腐朽已病入膏肓，大厦将倾非一木可支，内忧外侮的复杂局势绝非通过改造或更换几个地方"良吏"可以解决。

此外，裴正绅在长诗《忆昔》结尾处记载了在这场战争平息之后，地方官绅的盘剥变本加厉，并在诗中通过切身遭际的记述，表达对时局的不满，诗云：

> 如此奇惨劫，谁为达帝阍？
> 亦下哀痛诏，实惠沾未匀。
> 人情变加厉，所余豺狼蹲。
> 天心苟念乱，还望见太平。

作者的阶级局限决定了他不可能站在同情农民起义的立场思考问题，自然看不清这场"奇惨劫"的真正根源，仍寄望"天庭"给予是非公断的裁夺。裴氏在晚清霍邱史上赫赫有名，同治《霍邱县志》称其"世业诗书，素称巨族"。城破前，诗作者裴正绅乘着夜色逃出县城，投靠故友——己酉科的拔贡生王席荀，开始九死一生的流离生活。战争平息后，他联合族人向朝廷申请恩恤。据同治《霍邱县志》卷十《人物志》载，同治五年（1866），两江督爵宪李片上奏，奏折中引用时任安徽霍邱县候选主簿裴大中（裴正绅侄）的陈述，并提出两个请求：一是希望朝廷对死难亲属"从优议恤"；二是"建专祠专坊，以示褒异"。这些请求都得到了朝臣的恩准，只不过抚恤的帑金却迟迟未予兑现，成了"空头支票"。《忆昔》诗在"实惠沾未匀"下自注云："八年春，圣恩发帑赈济被难州县时，我霍尚未颁到。"如果说"达帝阍"是作者对经乱后阖族哀荣，也即对"名"的向往，那么及时领取朝廷的赈灾帑金，则是对举家之"利"的期待，只可惜整整一年过去，仍是分文未见；此外，这首长达两千零六十字的五言叙事诗在结尾处还无情揭露了战争结束后霍邱城内的残酷"现状"：人情变本加厉，官吏盘剥愈盛，百姓生活更加艰辛，甚至达到"捕蝗为粮粮，取蚕作豆羹。饥极食人肉，饮血红满樽"的程度，最终诗人化愤慨为微渺的希冀——天下太平，这是何等孱弱，又是何等不切实际。

综观霍邱古城经历的这场战争，其导火索或许出于粮草充盈的谣言，但其背后却隐藏着深刻的历史必然。通过县志的梳理，我们既能清晰地看到这场由农民起义军发起的夺城之战的全过程，丰富对捻军的相关研究，又能从代表地主阶级利益的邑绅的笔触中，看到对晚清地方统治者盘剥现状的质疑与批判，以及由此导致的民不聊生、民怨沸腾，从而有利于今人了解引发这场古城烽烟的真正根源。

晚清进士李灼华、朱点衣的六份朱卷

明清时期，为了防止科场舞弊，应试者乡试、会试的答卷（即"墨卷"），被糊名处理后由专人用朱笔誊抄，交考官批阅，称作"朱（硃）卷"。发榜后朱卷发还考生，中榜者往往刊刻赠人。

在顾廷龙先生主编的《清代朱卷集成》中，载有两位光绪朝霍邱籍进士的朱卷，其中李灼华曾中甲午恩科（1894）二甲第二十八名，朱点衣曾中甲辰恩科（1904）二甲第五十八名，两人皆赐进士出身，钦点翰林院庶吉士，且有亲属关系。这六份朱卷成为我们走近乡贤、了解晚清科举的重要史料。

朱卷的刊刻有较严格的体例，往往由三部分组成：首先是履历页，载有考生姓名、字号、籍贯、族谱、师承等；其次是科份页，载有本科科份、中式名次、主考官姓名、官阶、批语等；最后是试题与答卷正文。

李、朱二人朱卷首页

接下来，我们就两人朱卷中的一些细节问题，略做梳理和探讨。

其一，两人的字号、籍贯和生年。

据《优贡卷》"李灼华字炳蔚，号晓峰，亦号炬燊"，《乡试卷》"号晓峰，一号炎燊"，《会试卷》"号肖峰，一号炎燊"，可见其差异主要集中在号，当代出版物及网络资料多以"李肖峰"称之，是以号行①。朱点衣字号有多种，在《优贡卷》《会试卷》"履历"中俱言"字杏伯，号葆斋，一号博斋"，但在答卷正文中，其又分别自署"宝斋""杏园""保侨""杏伯""性北"等。

李灼华始祖发俊原籍江西吉安，自其二世祖旭茂始迁霍，其后"世居城内"。朱点衣始祖朱钦"由徽迁凤"，六世祖朱芾"由凤迁霍"，其后"世居东乡潘家集保朱家郢，今迁居城内"。

李灼华的生年情况较复杂，涉及清代普遍存在的"官年"问题，表现在应试者在会试中填报的年龄，往往要比在初级考试如优贡、乡试中填报的要"年轻"。据《优贡卷》，李灼华生于"同治癸亥年（1863）十二月十七日"，《会试卷》却记为"同治丙寅年（1866）十二月十七日"，两者相差三年。究竟孰是孰非？在朱点衣履历中，记载了其"受业师"情况，以先后为序排名第四的正是其"表兄李肖峰夫子"。如按李灼华《会试卷》，那么其年龄要比朱点衣小近两个月，显然不确。当代学者讨论"官年"问题时提出"早岁优先"的方法②，在解决李灼华生年问题上是适用的。朱点衣的生年记载较统一，《优贡卷》《会试卷》皆云："同治丙寅年十月二十一日。"

其二，两人家族的科第、世官与封赠。

李灼华履历"族谱"栏中，自其父为始上溯十五代，并由其明代始祖发

---

① 如《霍邱县志》："光绪三十三年，李肖峰为其（裴伯谦）上疏申雪，获准返皖。"（见霍邱县地方志编纂委员会编：《霍邱县志》，中国广播电视出版社，1993年，第836页）

② 鲁小俊在《清代官年问题再检讨——以多份朱卷所记不同生年为中心》中说："我们也可由此确定著录生年的一个原则：在没有其他传记资料佐证的情况下，宜以所记出生年份最早之朱卷为依据，简称'早岁优先'。"（见鲁小俊著：《清代官年问题再检讨——以多份朱卷所记不同生年为中心》，载《清史研究》2015年第1期，第90—101页）

俊又追溯至远祖宋代宰相沆。李沆谥文靖，为相近六载，辅佐真宗"咸平之治"，绘像昭勋阁，李发俊乃其十四世孙。李灼华太高祖鳌为乾隆己酉恩科（1789）进士，翰林院检讨；高祖略为光绪庚寅（1890）恩科经魁，任宿松县训导、庐州府教授；其父二南为咸丰二年（1852）岁进士，任宁国县教谕。

朱点衣族谱上溯十八代，其先祖朱钦"功授昭信校尉公"，明朝昭信校尉属武官正六品散阶。① 从其二世祖浣始至九世祖常，皆袭承此官。自其十世祖永祝始为白身，至曾祖昆岬、祖父芹芳皆由朱点衣故，貤赠奉直大夫，从五品。② 朱父家兴为国子监生，也因其子敕封修职郎，晋封文林郎，覃恩诰封奉政大夫，正五品。③ 李灼华家族封赠情况类似，从略。

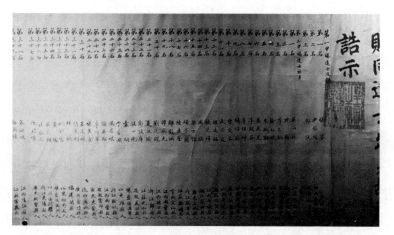

光绪二十年（1894）甲午恩科大金榜，入选《世界记忆名录》。
该榜二甲第二十八名为霍邱籍进士李灼华，状元为张謇

---

① 《明史》卷七十二《志》第四十八："凡武官六品，其勋十有二，散阶三十……正六品，初授昭信校尉，升授承信校尉。"（见［清］张廷玉等撰：《明史》，中华书局，1974年，第1751页）

② 《清史稿》卷一百十四《志》八十九："封赠，阶十有八：……从五品授奉直大夫，俱授诰命。"（见赵尔巽等撰：《清史稿》，中华书局，1977年，第3273页）又《清史稿》卷一百十《志》八十五："咸丰三年，并许貤封曾祖父、母，伯叔祖父、母、伯叔父、母，庶母，兄、嫂并嫡堂伯叔祖父、母，嫡堂伯叔父、母，嫡堂兄、嫂，从堂、再从堂尊长及外曾祖父、母，外祖父、母，妻祖父、母。按例定品级，一体捐请。"（见赵尔巽等撰：《清史稿》，中华书局，1977年，第3196页）

③ 《清史稿》卷一百十四《志八十九》："封赠、阶十有八：……正五品授奉正大夫。"（见赵尔巽等撰：《清史稿》，中华书局，1977年，第3273页）

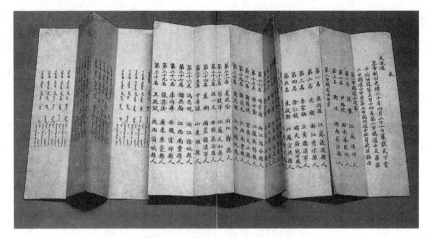

光绪二十年甲午恩科小金榜，左起汉文第三列为"李灼华"

其三，李灼华家族与明清《霍邱县志》的修纂关系密切。

从履历看，李灼华家族中有两人与《霍邱县志》的修撰有关：其六世叔祖朝寅为明万历己丑科（1589）进士，历官行人司行人、户部员外郎等，现存明代万历《霍丘县志》有三篇书序，其一即为时任行人司行人的李朝寅所作，同时他还担任这部志书的订正。值得一提的是，李朝寅为己丑科焦竑榜三甲一百九十九名，赐同进士出身，同榜二甲第一名者，即曾官至吏部尚书的著名书画家董其昌；其八世伯叔祖瑾为顺治戊子科（1648）拔贡，官至直隶广平府通判，曾重修县志，即由姬之篸修、李瑾纂的康熙《霍丘县志》，这

霍邱北关粮站附近的李灼华故居，后为红二十五军军部旧址

也是有清一代的首部霍邱县志。

其四，由其各自师承，可见霍邱翠峰书院部分教职名单。

履历页中详载了两人各自的师承关系，以朱点衣为例，《会试卷》载其受业师五人，为其幼读阶段的塾师和县学教师；受知师四十一人，为其参加各级考试的考官；肄业师五人，为其书院就学时的讲师。在其肄业师中，列于前四位的分别是陈晋阶夫子、年伯孙向亭夫子、许云琴夫子和熊子可夫子，注云"均前主讲翠峰书院"。此外，李灼华《优贡卷》又有陈松阶夫子，《会试卷》有赵春晖夫子，皆为"书院主讲"。这六人名单，可补霍邱地方教育史之缺。

其五，两人履历所见人物，可与县志相关篇章形成关联。

同治《霍邱县志》卷十五《艺文志》中，载有邑人裴正绅的长诗《忆昔》，诗中介绍了裴正绅于咸丰七年（1857）霍邱城陷时出城逃难的坎坷经历。城陷前夕，裴正绅仲兄正己（立斋）告诉他，老母亲已由两人的侄（诗人自注："大侄名大中"）护送出城，逃往北方。裴正绅出城后投奔其故友王席荀，诗曰："知管者鲍叔，救我者王君。"诗人自注："字席荀，己酉选拔。"朱卷可见李、朱二人与裴、王之关系。

李灼华《优贡卷》"受业师"中有"表叔裴浩亭夫子，大中，现任江苏上海县知县"，《会试卷》将其归入"受知师"，注曰"前任江苏通州直隶州知州"，由是可知，裴大中护送其祖母出城避难，侥幸逃过了城陷之灾，其后出任上海知县、通州知州。李灼华《优贡卷》"受知师"中又有"世伯王香林夫子，讳席荀，道光己酉科（1849）拔贡，前任广东连州直隶州州判"，《会试卷》云"前任广东连州直隶州分州"，这便是在战乱之中慷慨接纳裴正绅两月有余的"王君"。

在《忆昔》诗中，裴正绅将王席荀视作管鲍之交的故友，但从朱卷来看，王席荀是李灼华"世伯"，裴大中是李灼华"表叔"，又是裴正绅"大侄"，李灼华是朱点衣"表兄"，因此若以李灼华为中心，裴正绅投奔的王席荀实际要晚其一辈（见下图）。

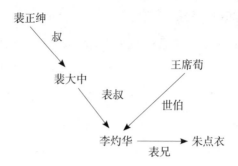

其六，两人朱卷中的命题变化，反映出晚清科举的变革轨迹。

朱卷记载了两人参加的三次考试部分试题及答题情况，为了方便讨论，列表于下：

表1　李灼华朱卷所示科份、试题及中式情况

科　份	试　　题	出　处	中式名次
优贡 光绪 戊子科 （1888）	求也何如子曰求也千室之邑百乘之家可使为之宰也不知其仁也赤也何如子曰赤也束带立于朝可使与宾客言也不知其仁也	《论语》	第三名
	其尔典常作之师	《尚书》	
	正己而不求于人	《中庸》	
	策问	※	
	赋得露和香蒂摘黄柑（得香字）五言八韵	［唐］韦庄 《西塞山下作》	
	义路礼门赋（以能由是路出入是门为韵）	《孟子》	
	浴佛会赋（以京师各有浴佛斋会为韵）	※	
乡试 光绪 辛卯科 （1891）	子曰桓公九合诸侯不以兵车管仲之力也如其仁如其仁	《论语》	第一百 二十四名
	考诸三王而不缪建诸天地而不悖质诸鬼神而无疑百世以俟圣人而不惑	《中庸》	
	经界既正分田制禄可坐而定也	《孟子》	
	赋得鳌背参差日气红（得红字）五言八韵	［唐］窦庠 《金山寺》	

（续表）

科　份	试　题	出　处	中式名次
会试 光绪 甲午 恩科 （1894）	达巷党人曰大哉孔子	《论语》	第十五名
	子曰道不远人人之为道而远人不可以为道诗云伐柯伐柯其则不远执柯以伐执柯以伐睨而视之犹以为远故君子以人治人改而止忠恕违道不远	《中庸》	
	庆以地	《孟子》	
	赋得雨洗亭皋千亩绿（得皋字五言八韵）	［唐］张说 《奉和圣制春 日出苑应制》	

表 2　朱点衣朱卷所示科份、试题及中式情况

科　份	试　题	出　处	中式名次
优贡 光绪 甲午 恩科 （1894）	求也退故进之由也兼人故退之	《论语》	第二名
	多闻阙疑慎言其余则寡尤多见阙殆慎行其余则寡悔言寡尤行寡悔	《论语》	
	东坡颖州别子由赋（以同谒欧阳公而别为韵）	※	
	赋得不笋而成由笔成（得成字五言八韵）	［唐］白居易 《画竹歌并引》	
乡试 光绪 癸卯 恩科 （1903）	宽则得众信则民任焉敏则有功公则说义	《论语》	第二百 三十五名
	汉初弛商贾之律论	※	
	龚遂治渤海、虞诩治朝歌论	※	
	东汉中兴功臣多习儒术论	※	
	隋唐二吏不为王通立传论	※	
	吴兢上贞观政要张九龄上千秋金鉴司马光上通鉴真德秀上大学衍义论	※	
会试 光绪 甲辰 恩科 （1904）	大学之道在明明德在亲民在止于至善义	《大学》	第一百 三名
	中立而不倚强哉矫义	《中庸》	
	致天下之民聚天下之货交易而退各得其所义	《周易》	
	周唐外重内轻秦魏外轻内重各有得论	※	

　　先看优贡卷。所谓优贡，是指各省学政于府、州、县在学生员中选拔文行俱优者，贡入京师国子监，每三年举行一次。上表所列两人优贡卷试题，涵盖经义、策问、诗、赋等，因循旧例，命题源自四书五经，两人也均以八股制艺中式。

　　在两人的乡试卷中，差异便体现出来。据《清史稿》卷二十四《德宗本纪二》载，光绪二十七年（1901）己卯，"诏改科目自明年始，罢时文试帖，以经义、时务策问试士，停武科"①，具体地说，其后的乡试、会试仍考三场，但头场试中国政治史事论五篇，第二场试各国政治、艺学策五篇，第三场试"四书"义二篇、"五经"义一篇，"而且以上一切考试，策论均应切实敷陈，凡'四书''五经'义，均不准用八股文程式，不得仍前空衍剽窃"②，从命题内容到答题方式都与此前大相径庭。

　　就朱点衣的乡试卷而言，共载史论五篇（头场）、"四书"义一篇（第三场），命题灵活，作答也因摆脱八股窠臼而趋向自如。其朱卷未载第二场的五

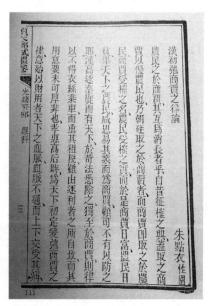

朱点衣光绪癸卯恩科（1903）乡试第一场试卷

---

① 赵尔巽等撰：《清史稿》，中华书局，1977年，第939页。
② 清实录馆：《清德宗实录》，中华书局，1986年，第412—413页。

策与第三场的另两篇经义命题，但从其他资料可以补足（从略），可见其策问部分结合新学与时务，兼顾传统与现实，体现出清末科举制度的重大变革。

李、朱二人的会试卷差异更为显著：李肖峰会试卷载经义三篇、诗一首，朱点衣会试卷载经义三篇，史论一篇。这些都不是其会试卷的全部内容，以朱点衣为例，尚缺头场试史论四篇，分别为：

一、贾谊五饵三表之说，班固讥其疏。然秦穆尝用之以霸西戎，中行说亦以戒单于，其说未尝不效论。

二、诸葛亮无申商之心而用其术，王安石用申商之实而讳其名论。

三、裴度奏宰相宜招延四方贤才与参谋请于私第见客论。

四、北宋结金以图燕赵，南宋助元以攻蔡论。

又缺各国政治、艺学策五道，分别为：

一、学堂之设，其旨有三，所以陶铸国民，造就人才，振兴实业。国民不能自立，必立学以教之，使皆有善良之德，忠爱之心，自养之技能，必需之知识，盖东西各国所同，日本则尤注重尚武之精神，此陶铸国民之教育也。讲求政治，法律，理财，外交诸专门，以备任使，此造就人才之教育也。分设农，工，商，矿诸学，以期富国利民，此振兴实业之教育也。三者孰为最急策。

二、泰西外交政策往往借保全土地之名而收利益之实，盍缕举近百年来历史以证明其事策。

三、日本变法之初，聘用西人而国以日强，埃及用外国人至千余员，遂至失财政裁判之权而国以不振。试详言其得失利弊策。

四、周礼言农政最详，诸子有农家之学。近时各国研究农务，多以人事转移气候，其要曰土地，曰资本，曰劳力，而能善用此三者，实资智识。方今修明学制，列为专科，冀存要术之遗。试陈教农之策。

五、美国禁止华工，久成苛例，今届十年期满，亟宜援引公法，驳正原约，以期保护侨民策。

由上列内容不难看出，其命题远远超出了"四书五经"的范畴，涉及教育、外交、财政、农业、侨务等诸多方面，即便在首场传统史论的命题中，也更注重古今以及古代各个时期治国方略的比较、品评，包括中央和地方、国君和宰相的权利分配与制衡，以及对外军事策略、变法革新等，体现出命题者及其身后所代表的最高统治者摆脱僵化思想、寻求经世致用的强烈愿望，对于应试者而言，其导向作用是显而易见的。

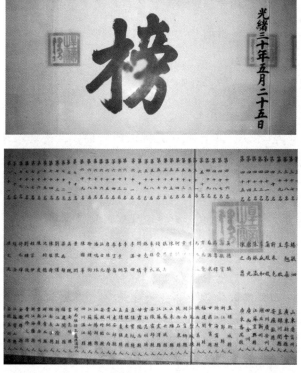

光绪三十年甲辰恩科（1904）大金榜，二甲第五十八名为霍邱籍进士朱点衣，
状元为刘春霖，这也是中国历史上最后一张"皇榜"

除了经世致用、废除八股外，朱点衣所参加的乡、会试，其特别之处还在于这两场充满变革意味的重要考试并非在北京举行，而是借闱开封贡院。光绪二十六年（1900）"庚子之变"后，慈禧太后和光绪帝微服"西巡"，次年十月二十四日驻跸开封时决定："明年会试，着展至癸卯举行；顺天乡试，于明年八月间暂借河南贡院举行；河南本省乡试，着于十月举行；次年会试，仍就河南贡院办理。"① 究其原因，一方面，北京贡院为八国联军焚毁，暂无合适的考场；另一方面，河南地处中原，交通便利，贡院成熟，号舍众多，且义和团运动不似山东、直隶和京津地区激烈②，因此选定开封，朱点衣便在那里完成了人生中的两次大考。

光绪三十一年（1905）八月甲辰，清廷"昭废科举"③，宣布"自丙午科（1906）为始，所有乡、会试一律停止"④，自隋代以来延续一千三百余年的科举制度正式终结。朱点衣所参加的甲辰（1904）科考，成为中国历史上最后一场科举考试。

限于篇幅，两人朱卷所反映的诸多信息不能一一展开，其在地方史志研究中的重要价值有待进一步挖掘与讨论。

附记

朱点衣留学日本始末

光绪三十年（1904），三十八岁的霍邱籍士子朱点衣在中国历史上最后一场科举考试中以殿试二甲第五十八名的成绩脱颖而出，获赐进士出身，又在朝考中以二等第四十九名的成绩被钦点翰林院庶吉士。由于特殊的历史际遇，他此后的人生并未因循"学而优则仕"的旧途，而是负箧东渡，开启了由清政府公派的赴日留学生涯。

对于这段历史，以往国内史料鲜有记载。2015 年，由日本政法大学大学史资料委员会编、裴敬伟译（李贵连校订、孙家红参订）的《清国留学生法政速成科纪事》（以下简称《纪事》）出版，为复原朱点衣的异国人生历程提供了宝贵资料。

① 吴永口述：《庚子西狩丛谈》，岳麓书社，1985 年，第 121 页。
② 范沛潍著：《清末癸卯甲辰科会试述论》，载《历史档案》1993 年第 3 期，第 105—110 页。
③ 赵尔巽等撰：《清史稿》，中华书局，1977 年，第 952 页。
④ ［清］朱寿朋编；张静庐等校点：《光绪朝东华录》，中华书局，1984 年，第 5392 页。

翻开《纪事》的第六篇章《学生》，朱点衣的名字赫然出现在"明治四十一年（1908）法政速成科第五班卒业生姓名"之"法律部"中，这是该书唯一一次出现其姓名。他为何选择远渡东瀛？怎样度过留学生涯？学成归国后的情况如何？通过《纪事》并结合其他史料可以大致找到答案。

朱点衣书法扇面（图片来源于网络）

光绪三十年年春，癸卯科进士中近百人进入京师大学堂特设的进士馆学习，新科进士的学堂教育正式开始。①次年，科举停废，进士馆生源断裂，清廷学部不得不考虑变通之法。由于特殊的地缘与历史因素，加之进士馆日本教习岩谷孙藏与日本政法大学校长梅谦次郎的奔走联络，最终清廷决定将新科进士整体派往日本留学。光绪三十一年（1905）七月十日，学部致电驻日本公使杨枢："甲辰科内班三十余名均送入日本法政大学补修班，其外班（及）未经到馆之学员，均送入日本法政大学第五班（犹言"期"，下同）速成科。"同日致电各省将军督抚，要求八月十五日之前必须到东，其后又令各省为进士游学者垫发川费一百二十两，在京出洋人员由学部拨款。②

在学部发与杨枢公使的函件中，详载了三十八名拟入法政大学补修班和四十五名拟入法政大学第五班速成科的学员名单，前者包括朱汝珍（榜眼）、商衍鎏（探花），后者包括刘春霖（状元）、颜楷（二甲第三名）、朱点衣……③

① 韩策著：《科举改制与最后的进士》，社会科学文献出版社，2017年，第8页。
② 同上书，第280页。
③ 《学部遣派进士馆学员游学名单》（光绪三十二年八月初四日），载《学部官报》第5期，1906年11月7日，第45—46页。

日本政法大学成立于 1880 年，其前身是日本明治时期的一所私立法学校，1903 年由"日本民法之父"梅谦次郎出任校长，1920 年改组法政大学。其为清国留学生开设的法政速成科自 1904 年 5 月首班学生入学，至 1908 年共开办五班，朱点衣为其最末班法律部学员。据《清国留学生法政速成科规则》，其修业年限为一年半 ①，分作两个学期，具体课程如下：

表 3　法政速成科法律部学科课程 ②

第一学期		第二学期	
学　　科	每周课时数	学　　科	每周课时数
法学通论	二	民法	二
民法	七	商法	五
宪法总论	四	行政法	五
刑法	四	国际私法	二
国际公法	四	裁判所构成法及民事诉讼法	五
经济学原论	三	破产法	二
		刑事诉讼法	二
		监狱学	一
合计	二十四	合计	二十四

由《纪事》可知，第五班于明治三十九年（1906）十月十二日（公历，下同）开课，开课前本应依例举行开学式，但"梅总理漫游清国，不在校，是以开学式需另举办" ③。明治四十一年（1908）四月二十六日举行卒业证书授予式，梅谦次郎颁授卒业证书，为卒业生中优等者颁发奖品，并发表学务报告；其后，教员代表志田博士，清国公使代理参赞官张煌全，日本司法大

---

① 据《纪事》中最初之《校规》，法政速成科修学年限为一年，该《校规》自明治三十七年（1904）十一月重新修订，改学制为一年半。（见日本政法大学大学史资料委员会编，裴敬伟译：《清国留学生法政速成科纪事》，广西师范大学出版社，2015 年，第 12 页）

② 此表据《纪事》摘录，出处同上。

③ 日本政法大学大学史资料委员会编，裴敬伟译：《清国留学生法政速成科纪事》，广西师范大学出版社，2015 年，第 50 页。

臣清国、男爵千家尊福，校友代表信冈雄四郎分别致祝词；卒业生法律部代表凌士均、政治部代表江怀古分别致答谢辞；仪式完毕后，别设茶点简餐。①朱点衣参加了卒业式，并获颁卒业证书。

《纪事》详载了这场卒业典礼中嘉宾和发言代表的致辞文本，其间可见朱点衣留学一年多来的大致情况：

从江怀古答谢辞中可见，朱点衣所参加的第五班是法政速成科开办以来人数最多的一班。江云："我国学生留学本大学者千有余人，本班特为繁盛，且分法、政两部，足见贵大学待我等情谊恳切。"②在一年半的有限时间里，既要克服语言障碍，又要学习陌生的法律知识，朱点衣能顺利卒业，着实不易。据梅谦次郎校务报告，"法律部为明治三十九年十月开班，入学者四百零三名，其中退学者二名；政治部同年十一月开班，入学者四百四十六名，其中退学者三名"③。两班共计八百四十四名在籍学生，经过两学期试验（即考试，下同），仅有三百八十五名学员及格，及格学员才有资格获颁卒业证书，朱点衣在获证之列。又据干事清水学士学务报告，清国留学生"与日人同用日语修学，并于日人同参竞争试验，且以优异成绩卒业者很多……余想清国留学生之努力程度于斯可见"④。

从《纪事》第二章《典礼》可知，在第五班学员到来前，法政大学在东京麴町区（今属千代田区）富士见町六丁目三番地为清国留学生新建了宿舍，并于明治三十九年十月二十八日午后一点举行开舍式。朱点衣入学时正赶上新宿舍的落成，大抵应是在那里开启了异国人生。

除常规的课堂授课与试验外，校方还为留学生精心安排了课外活动。据《纪事》第五章《课外活动》，朱点衣所在的第五班学员相继参加了演讲会、卒业谢恩会、团体旅行等。其中团体旅行在腊月间举行，自新桥停车场出发，

---

① 日本政法大学大学史资料委员会编，裴敬伟译：《清国留学生法政速成科纪事》，广西师范大学出版社，2015年，第74页。

② 同上书，第78页。

③ 同上书，第74页。

④ 同上书，第80页。

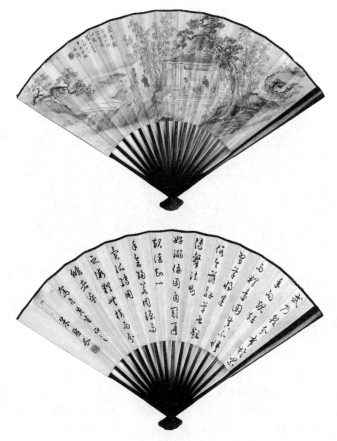

朱点衣书画扇面（图片来源于网络）

至国府津（今神奈川县小田原市）的汤本，"全体投宿于预订之小川馆，沐浴灵泉，身心畅快。正辞丙午旧岁，迎丁未新年，于一片恭喜声中出发，参观玉帘泷、早云寺、塔泽。翌日，游历箱根七汤之神景"①。这些活动体现了新式教育的特征，也丰富了我们对朱点衣留学生活的了解。

　　学员卒业后，大多选择回国效力。据梅氏卒业训词："去年（1907）贵国采用高官条件，似为我校卒业生举行特别试验者也。我校卒业应试者百名，不及格者仅三名，窃想今后亦其然也。"②可见留日学生特别是成绩优异的卒

---

① 日本政法大学大学史资料委员会编，裴敬伟译：《清国留学生法政速成科纪事》，广西师范大学出版社，2015年，第134页。

② 同上书，第75页。

业生归国后，清政府又举行"特别试验"，并授实职。

拆迁中的百年老校霍邱第一小学（原霍邱县高等小学），主教学楼两侧分别立有石碑，碑文为《创建霍邱县高等小学堂碑记》，一为"赐进士出身翰林院庶吉士加五级邑人朱点衣撰文并篆额书丹"，落款时间光绪三十一年冬月；一为"知霍邱县事候补直隶州知州善化劳文琦所撰并书丹"，落款时间光绪丙午年（1906）春月。碑文除介绍学堂兴建历程外，还记载了开支及募捐情况，包括倡捐人二十一名，其中有"劳文琦倡捐银二百两、李灼华倡捐银四十两、朱点衣倡捐洋十元"；另有牧捐人一千二百五十二名。图为工作人员正在吊运石碑（照片为冯克强先生提供）

《纪事》第六章记录了部分卒业生履历，其中第五班学员共计十七人，惜未含朱点衣。从履历看，不少卒业生回国后学以致用，成为业界中坚，比如周诒柯，曾任国民政府最高法院首席检察官、安徽高等法院院长、湖北高等法院院长；江潘，曾任四川法政学校校长；陈长簇，曾任湖南高等法院院长；李惠人，曾任吉林高等审判厅厅长等。朱点衣回国后的情况如何？

由于资料匮乏，详情不得而知，从现有零星记载来看，1908年，翰林沈宗畸和一批京师学人发起编辑《国学萃编》杂志（原名《国粹一斑》），旨在"网罗散佚，甄阐幽隐"，唤醒国民之精神，朱点衣积极参与①，沈氏又编《鍊

---

① 《本社职任员表》，载《国学萃编》第1期，1908年，第1页。

庵骈体文选》四卷，内含朱点衣《劳绍潭明府五十寿序》[1]。此外，朱点衣还担任编年体史料长编《德宗实录》的协修官[2]，可见其回国后整体趋向保守，亦未在法学方向继续发展。

令人痛惜的是，朱点衣于辛亥年（1911）不幸去世，享年四十五岁。次年，由其同乡（六安直隶州人）、光绪二十九年（1903）恩科进士汪应焜扶枢归里。[3]

---

[1]　孟伟著：《清人所编清代骈文总集的文献价值与文学批评意义》，载《古籍整理研究学刊》，2015 年第 4 期，第 24—30 页。

[2]　清实录馆：《清德宗实录》，中华书局，1986 年，第 2 页。

[3]　龚元凯：《哭兰浦》(1913 年)，《蜕庵诗集》卷七，第 11—12 页。转引自韩策著：《科举改制与最后的进士》，社会科学文献出版社，2017 年，第 394 页。

同治八年的一道告示

阅读沉甸甸的同治《霍邱县志》(本文只涉及此一种志书，故以下简称《县志》)，好比高堂之上和一向严肃的夫子请益，主客双方正襟危坐，"五经"之外莫谈闲话。

但也有例外，譬如夫子心情好时，也会采撷一片枫叶，或是随手撕下当日的"报纸"一角，夹在《县志》中聊作书签。这漫不经心的举动，让我们百余年之后，"五经"之外，意外收获到阅读的欣喜。

夫子撕下的这张"报纸"，就是《县志》在介绍霍邱的桥渡，特别是"沣河渡"时，附录的一则当年的告示。告示本身与前后文没有太多关联，附录实属偶然。告示上痛批了一名叫蔡周的船夫，时间是同治八年(1869)。

同治《霍邱县志》卷二所载告示

一介船夫，何过之有？又因何事引起官家震怒，用布告的方式施以惩戒？

既然涉及船夫，自然与水有关。

霍邱依山傍水，河道众多。正如《县志》卷二《营建志》在论及《桥渡》时所言："霍邑涧水分流，纵横绮注，几成泽国。"对百姓而言，自然少不了与水相关的话题，包括婚丧嫁娶、修禊祭祀、养殖捕捞、架桥摆渡以及由此产生的种种利益纠葛。

以百姓日常摆渡为例，《县志》卷二《营建志》所载的霍邱渡口，包括刘家沟渡、张家集渡、庙台渡、奶奶庙渡、小韦摆渡等，共有四十九个，涵盖淮河、史河、沣河、淠河等多条河道。摆渡过程中涉及的供需双方的利益问题，直接影响了老百姓的出行成本和通行安全。

告示中的渡夫蔡周，就是因为"屡次误差，并任意需索渡钱，漫无限制"，遭到知县大人的点名批评。

一般来说，河道的摆渡主要靠私人经营，船只也多是由私人购买或租赁，比如沣河桥渡口，《告示》说："向系附近民人赁备船只往来摆渡，以济行旅。"但也有特殊情况，即所谓"义渡"：由当地士绅出钱，造船修船，负担船夫工食，比如县城东北五十里的刘家渡（旧称"庙台渡"），《县志》卷二《营建志》称：

> 嘉庆四年，监生刘维祚捐地四十亩，监生刘镶捐地二十亩，监生刘钟捐地二十亩，建立义渡，以岁租所获，为修造渡船及渡夫工食之资。

文中三位监生共捐地八十亩，通过其岁租收入承担渡船的开资，这样百姓不仅通行无忧，且费用全免，造福一方，善莫大焉。类似的"义渡"还有位于阜霍通衢、距县城一百里的浒河渡，由邑绅潘士奎以一人之力，造船一只，捐田八十亩，作为修船和负担渡夫的工食之用。

不过，对于同治年间全县四十九个渡口而言，"义渡"毕竟只是少数，大量的摆渡船还是靠收费维系。这个费用，既包括人的船票，也包括行李、家畜、车辆的货票。行李有多有少，家畜有骡有马，车辆有空有满，需求的多样性不仅为船主带来持续的利益空间，同时也因其存在种种"变量"，给具体的收费者提供了一定的操作空间。

渡夫蔡周就是在这种情形下，随意索价且"漫无限制"而被知县点名批评的。

不仅批评，布告还连出两条"整改"举措：其一，"另举渡夫前往更换"；其二，以之为戒，对县治内所有渡船票价予以统一规定：

> 一、空身来往过渡，每人给钱十四文；
>
> 二、成担货物连人，给钱二十八文；
>
> 三、货车每辆连人，给钱五十文，空车减半；
>
> 四、驴骡马驼，每驼给钱六十文，空驼减半。

这些细密的规定，用今天的话说，相当于发布"政府指导价"，并要求"即遵照定价，毋许格外多索，致干查究"。从其细分的六种情况看，清朝地方政府在制定物价政策时细致入微，充满人性化。

说到这里，读者应该了解了这则布告传递的基本信息，在此基础上，有些问题还可以进一步探讨：

首先，船票的价格大概是怎样的水平？贵吗？

对于这个问题，必须结合当时当地普通百姓的收入来谈。《县志》卷三《食货志》中记载了时任知县和直接为其服务的"工作人员"的收入，列举如下：

> 知县俸银二十九两三钱六分六厘。
>
> 门子二名，工食银十二两。
>
> 皂吏十六名，工食银九十六两。
>
> 马快八名，工食草料共银一百二十八两四钱。
>
> 民壮五十名，工食银二百八两。

轿、伞、扇夫七名，工食银四十二两。

库子四名，工食银二十四两。

禁卒八名，工食银四十八两。

文中知县的每月俸银可以不做参考，因为除了这笔收入，他还有单列的六百两的巨额"养廉银"（见该书卷三《食货志》）。除了知县，其余"工作人员"算下来，每人每月大概能得工食银六两。

六两白银和布告所规定的船票价格有怎样的换算关系？理论上，古代一两银子能换铜钱（制钱）一吊，也就是一千文，但在实际操作中并非一一对应，特别是清朝道光末年，受鸦片战争影响，白银和制钱的兑换波动较大，本书前文《霍邱古城的前世今生》中介绍了相关情况，列举《林则徐日记》所记录的道光十六年（1836），每两白银换足钱一千三百七十文。以此为参照，那么这些"工作人员"六两的月薪大概能换制钱八千二百二十文。

据此计算，布告所规定的船票价格，最低为十四文，最高为六十文，分

现存光绪二十八年（1902）霍邱某渡口所立石碑，碑文（图右）有"酌定渡钱三十文"字样。石碑为明开鑫先生收藏

别占去这些"工作人员"月薪的 1/587 和 1/137，若按今日县一级地方政府普通工作人员（如司机、门卫等，非公务员）平均收入水平，月薪以 2000 元计算，那么这张船票的最低（单人）价为 3.4 元，最高（连牲口带货）价为 14.5 元。

虽然只是粗略换算，但可以看出，布告所宣布的"政府指导价"，还是靠谱的。

其次，渡夫蔡周为何要漫天要价？

简单地说：为了钱。当然，这样的回答是比较粗浅的。如前所述，古代地方渡船业务主要由民间自营，但官家也有自己的渡夫，大概相当于公务用船的"司机"，《县志》卷三《食货志》记载他们的薪资为"渡夫工食银十两"，这个工资水平是显高于上述列举的"工作人员"的，想必会引起他们的垂涎，当然，更直接的嫉妒还是来自民间的渡夫。

受雇于人，收入偏低，加之船票定价的复杂性，特别是主要靠目测的"人情定价"所带来的操作空间，于是滋生渡夫的"任意苛索"，以致"过客病之"，可以说是必然的。

最后，虽然布告没有详述这位整肃行风、规定"政府指导价"、爱民又务实的父母官的姓名，但根据布告所发布的时间，查阅《县志》可知，这位知县名叫王寅清，河南上蔡县人，拔贡生，同治八年（1869）署任。

"迎芒神"和"打春牛"

俗话说"一年之计在于春"。对于四季分明的江淮流域的百姓来说，从立春到立夏这段美好且悠长的时光，特别地令人向往与沉醉。

"铛，铛，铛，知县大人出城喽……"

在立春的前一天，古老的霍邱县城东门，也就是寅宾门外人山人海，知县大人身着朝服，率领僚属在锣鼓号角声中穿城而出。紧随其后的是一队淳朴的农民，他们扛着农具，浩浩荡荡向东郊行进。

郊外的一片空地早已被布置停当。远远望去，高耸的青幡迎风招展，幡下端立着真人大小的"芒神"。只见他头戴斗笠，神色慈祥，身边静伏一头黝黑的"春牛"，锋利的牛角，壮硕的躯体，如不仔细观察，和真的耕牛没什么两样。

"快看快看，那就是'芒神'！"爽直泼辣的蓼城少妇阿翠单手抄起方才总角的孩童，一边忙着抢站地儿，一边大声嚷嚷道，"知道吗老孩（方言），那就是掌管俺们春天的神，又叫句芒。他的本领可大着呢，俺们垦荒啊，种地啊，要想庄稼长得好，收成好，都得靠他……"

浩荡的迎神队伍终于到达祭场，四周很快被围得水泄不通。只见一位身着青衣、头戴青帽的祭祀官双手持壶，斟满祭酒后恭呈知县。知县大人接壶酹酒，行一跪三叩之礼，而后清了清嗓子，用浓重的外乡口音高声诵读道：

"职司春令，德应苍龙。诞敷化育，品汇萌生。忝牧是邑，具礼以迎。育我黎庶，仰戴神功……"

"咿呀……嘿"，随着一声沉闷的号子，事先安排好的轿夫们合力将"芒神"和"春牛"抬起，此时鼓乐齐鸣，在一派欢腾之中，众人恭恭敬敬地迎神回城。

"快看，'春牛'抬回来喽！"一群顽童早已骑在被蹭得乌溜溜的城墙雉堞之上，叽叽喳喳地看起热闹来。

"今年的'春牛'可真大啊！那么多人扛，该有多沉啊！"

"这'春牛'可真乖啊，居然一动不动。"

"真笨，假的，怎么会动？"

"假的？不会吧，啥做的？"

"黄泥巴……"

迎回的"芒神"和"春牛"被抬进县署，恭置于仪门之外。"芒神"居东，面西，"春牛"面南。仪门位于县署正门和大堂之间，有门子看守，戒备森严。

第二天立春时分，知县大人精神抖擞，率领僚属身着彩服，行一跪三叩之礼。众人各执彩杖，分列于土牛两侧。

接下来的一幕着实精彩——只见知县大人拿起鼓槌，"咚，咚，咚"连敲三声，又手握彩鞭，"啪，啪，啪"连击"春牛"三匝，而后众人纷纷动手，顷刻间将"春牛"打个稀烂……

硬邦邦的碎片被分送给农户，农民们"视土牛色辨雨旸"（同治《霍邱县志》卷一《舆地志》），希望新的一年有个好收成。

"打春牛"的习俗古已有之，早在《礼记·月令》中就有记载。苏东坡诗《元日过丹阳明日立春寄鲁元翰》"竹马异时宁信老，土牛明日莫辞春"，文天祥诗《立春》"只应四十三年死，两度无端见土牛"，说的就是这种民间习俗。

以上便是清朝初年霍邱古城的一番热闹场景，也是当时县内数十种祭祀和礼仪活动的缩影。

明清之际的霍邱城，每年的"迎芒神"和"打春牛"活动花样迭出，祭祀方法也在不断革新。万历《霍丘县志》第八册《礼制》记载："往以彩帛结构台阁迎春，民颇多费，知县杨其善尽裁省之，民多乘便。"

杨其善于明万历二十年（1592）担任霍邱知县，经他"裁省"后的迎神风俗仍是如此热闹，由是可以想见在他之前，县城立春之时更加繁复的迎神场景。

后记：此城可待成追忆

人生的图景，大抵是由种种因缘交织而成的。

我们此生所亲近的人、经历的事、生活的地方、即将远足的目的地，都或是缘分使然。

在淮河中游、大别山北麓，有座历史悠久的小城，那里民风质朴，土地沃衍。城外烟波浩渺的东西两湖，像一双清眸，将古城装点得顾盼多情。我十八岁离开那里，于今已整整二十个年头。二十年来，我虽凭借寒暑假的便利，从未间断地在异乡与故乡间奔走，但漂泊既久，与它的日渐疏离已是必然。每逢清明或年关，站在黄土堆垒的祖坟前，望着升腾的缕缕青烟，我难以自抑内心的追问：和生养于兹又长眠于兹的祖辈相比，我这秋蓬般的游子，和这座古城的缘分究竟在哪儿？为何注定在此出生，又必须远行？

虽然一直没能找到答案，但我相信这缘分必定不浅。

2019年初，一个令人震惊的消息从家乡传来：县城大十字街西北区域即将拆迁，古城四分之一的历史街区将被夷为平地。

就在两个月前，我利用回乡过年的间隙，穿街走巷寻找这座古城的历史遗迹。这个"爱好"已持续多年，但今年的发现着实令我兴奋。

犹记得，那是飞雪漫漫的大年初三的清晨，燃放完"送年"的鞭炮，我独自前往城西探寻，那里有着较为丰富的历史遗存：从城墙砖到城墙石基，从散落的石柱础到嵌置在民居墙壁中的几何纹古砖。我沿路拍照、记录，并由热心人带路，走进一家神秘的庭院。当主人打开院门的那一刻，我被深深震惊。

展现在眼前的，是一面用若干整块老青砖砌成的拱形城墙，有人说是古城西门，有人说是埋蛇沟，还有人说是老西门的出水口，总之，它是我们这座古城珍贵的历史遗存——它掩藏在这户人家的深深庭院中，与枯树衰草相伴，不计宠辱，无关岁月。院门一把锈蚀的铁锁，竟将它与世隔绝了几百年。

接下来的有限时间里，我以这面拱形墙体为起点，向其南北方向分别探寻，很快又有新的收获：在一户地势低洼的人家的外墙东侧，一段十余米长、保存完好的古城墙蓦然出现在我眼前。城墙上方一株老树状若华盖，它根须遒劲，像一双布满皱纹的祖母的手，紧紧抓住青灰色的硕大的城砖。我难以平复的心正如这城砖一样，被它牢牢抓住、攥紧，一如走失多年的祖孙相遇。

坦率地说，这么多年来，我对家乡究竟是座怎样的古城充满疑惑。说它历史悠久，实际留存下来的除了文庙、鼓楼街、云路街等少数历史建筑或地名外，难有直观的古朴感受；说它人文荟萃，除了孙叔敖智斩双头蛇、马皇后歇脚绣鞋墩这些或有或无的传说外，普通百姓很难再说出个究竟。多年来接触文史，特别是参观了国内外许多著名古城之后，我不禁反思，隋代立县的我的家乡，何以体现是座古城？它的代表性历史建筑、人物或事件是什么？它由何而来，向何而去？它所凝结或应传承的文化底蕴和精神品质究竟是什么？

这段古城墙的发现，虽未直接给出答案，却予我以重要指引和莫大信心。我把照片第一时间传给同好诸友，大家不约而同地说：太美了！如此厚重的古城墙，一定承载了同样厚重的小城故事。

是啊，我几乎是迫不及待地要寻找它的故事了。听闻我的打算，王涛兄迅即从家乡寄来乾隆十九年（1754）的《霍邱县志》，令我十分感动。这部县志纪事详该，古朴厚重，有了它，我便如获得祖母的珍贵履历般，走进一个看似熟悉却无比陌生的世界。

就在我醉心于这部县志《艺文志》中的悠然诗赋时，传来家乡旧城区大面积拆迁的消息。我急忙打开县志的《图考》，发现这片区域涵盖了明清时期的县衙、城隍庙、马神庙、福昌寺等建筑遗址，两个月前刚刚寻得的那段古城墙也正涵括在内。一时间我心急如焚，即将夷为平地的，又何止那些建筑遗址和那段古城墙呢？那里曾是我儿时的乐土，一街一巷、一草一木、一铺一井，都印刻于心。我年逾九旬的姥姥即将失去她生活了半个多世纪的小院，百年老校第一小学穿堂后的那颗水杉树，在我出生当天栽种，如今枝繁叶茂，却不知能否挺立在下一个春天……

比起这些具体的愁思，更令我伤怀的恐怕是，经历这次拆迁，故乡真的就板起陌生的面孔，还未等我找出和它结缘的根由，便用一种看似热闹却冷峻严正的方式，将它无情割断了。

一介书生，又离乡多年，我很清楚，除了叹息，唯一能做的，恐怕只有捡起秃笔，为故乡、为往昔、为同样漂泊的亲友，同时也是为自己、为我的女儿，发隐抉微，收藏往事，认真梳理这段难以割舍的"城"缘。

决心既定，方向遂明。一周之内，我将目前存世的五种《霍邱县志》收集完毕，开始逐页逐条地通读对比。高强度的阅读与写作让我暂忘此前的种种担忧，渐渐从小我的颓唐中解放出来，耳旁也不再环绕着故乡推土机的轰鸣，满是斗室之中明灯黉夜间的键盘敲击。

就这样，从遍地春芳写到落木萧萧，从布谷鸣蝉写到百虫收歇，半年间，我独居荒远的浦东临港校区，三餐之外心无旁骛，陪伴我的，一杯、一几、一电脑、几部县志而已。

半年之后，当我再次踏上故土，眼前的一切已不再是惯常的街肆霓虹：那里的东门，曾经鼓号喧嚣，知县大人率领僚属，扛着刚从郊外迎回的"芒神"和"春牛"，在一片彩幡的簇拥中浩浩荡荡朝着县衙行进；那里的西门，曾因地势低洼自然形成一汪池塘，名叫藏天涧，崇祯八年（1635），高迎祥、张献忠等领导的农民军攻入古城，情急之下，知县黄日芳的妻妾陈、李两夫人相携投涧而亡；那里的南门，曾经雄伟坚固，爱乡情切的监生刘国爱和他的堂弟刘秉鲁慷慨捐资，将城楼修缮一新，并勒石为志；那里的北门，原有座古朴端肃的倪公祠，来自江苏仪征的教谕倪可大临危受命驻守此门，不幸被执身亡；那里的孔庙，曾经书声琅琅，康熙十二年（1673），由致仕的广平府通判李瑾担任大宾、邑庠生陈士奇担任介宾，在知县大人的主持下于明伦堂中举行隆重的乡饮酒礼；那里的城隍庙，曾经威严显赫，年方十五的清瘦小伙金玉相一大早便跪在城隍神像前默默祷告，为他病重的父亲祈福增寿……

这些悠远又真切的画面叠印在我眼前的小城，倒影般将她勾勒得立体宏深，这样即便身处残砖碎瓦的拆迁工地，我也不再感到孤独与颓唐。漫长的古城文化一如那瓦砾中的劲草，我愿用朴素的文字，化作它的泥土与甘霖。

如果说半年来的埋头写作，还只是个人与史志的对话，是与古人结缘，属于盲人摸象似的个体探寻，那么回乡后的种种"奇遇"，特别是众多素不相识的同好诸友的出现，着实令我感到缘分的妙不可言。

2019年7月23日，为了寻找文章中涉及的城隍庙前神道，我再次来到拆迁现场，意外发现十余块或整或缺的城墙砖裸露在一处倾倒的围墙根基中，其中还有一块菱纹汉砖。正当我徒手对其一块块清理时，一个严厉的声音突然从身后袭来："你这是在干啥？"几经交谈，才得知对方是负责这片区域拆迁的总经理，同时也是文物爱好者、收藏家张照月先生。接下来的一个多小时，我们畅谈文史，指画建筑，竟忘记头顶的炎日。张先生领我参观他的"考古发现"，包括古井、旧碑和老建筑基础，慨然以两块小型城砖和菱纹砖赠我，其后又将他珍藏的两块特殊城砖相示，这是目前可见仅有的带有文字的霍邱城墙砖，极为珍贵。

其后不久，张先生介绍其好友，同样也是霍邱著名收藏家的明开鑫先生与我认识，并领我前往由明先生个人开办的临淮岗农耕博物馆参观。明先生憨直淳朴，以一己之力建成四层楼规模的私人博物馆，展品从远古化石到新石器遗存，从汉陶唐俑到明清碑刻，门类之丰富、脉络之清晰，着实令我惊叹，我深为家乡有如此了不起的藏家感到骄傲。这也是我首次近距离饱览家乡文物。

参观完毕，明先生款留我们，于是三人举杯阔论，话题从收藏到收获，从生计到生活，两位藏家数十年收藏道路的辛酸喜乐，正如那满席珍馐，尽入我饥腹。酒过三巡，明先生提议，既然我爱好家乡文史，不如同去县里的"大馆"看看，择日不如撞日，当即与县收藏家协会主席冯克强先生通了电话，得到对方许可。就这样，趁着酒兴，我们同往县农耕博物馆参观，此时我才获知，县里已建成了较为专业的博物馆。

馆内展品的宏富自不必说。冯先生亲自讲解，而后将大家引入一间古朴的会客室，宾主围坐在八仙桌旁，品茗论道。面对鼎足而三的霍邱收藏界名家，我不揣谫陋，分享了观后的刍荛之见和半年来的写作心得，诸君也各抒胸臆，不知不觉已近黄昏。分别时，冯先生叮嘱我，地方史研究应该多向县文化旅游体育局穆志强副局长请益，"他才是真正的行家里手"。

冯先生所说的穆志强先生是我的族叔，十余年前在我的婚礼上有过一面之缘，而后零零星星读过他的作品，知道是位非常优秀的乡土文学作家。由于归期已定，几乎来不及等待，我请父亲拨通了叔叔的电话，相约次日面谈。

这次谈话，叔叔为我打开的不仅是他办公室那扇黑胡桃色木门，更是霍邱史志研究文献与实证相结合的重要法门。

差不多两小时内，我们直奔主题，从明代御史曾翀的受刑到清代捻军的围城，从澧河、澧河的辨误，到"霍邱八景"的定名，思接千载，神游物外，酣畅淋漓。叔叔博闻强识、腹笥丰赡，是典型的学者型官员，我打心底里为有这样的叔叔而自豪，更为家乡能有这样的文化人主管文化感到庆幸。

近水楼台先得月。有了叔叔的支持，我得以从久泛的独木舟迈入冲锋艇，尽情饱览淮河两岸的文史风光。

接下来的两天里，叔叔召集作家张子雨先生、收藏家冯克强先生，以及乡镇文化站诸同仁，带我系统考察了大洪城遗址、古松滋城遗址、安丰郡古城遗址、扁担岗遗址、绣鞋墩遗址、三里冢古墓葬、徐集古墓葬等，这些几乎都是我未曾一见、少有听闻的。叔叔田野考古经验丰富，当考察车辆经过一段新筑的沣河大堤时，他敏锐觉察到，修堤取土的位置靠近安丰郡古城遗址，说不定堤土中会有历史信息，于是果断停车查勘。盛夏的午后赤日炎炎，旷野之上更是气浪灼人，叔侄二人默契地各守大堤一坡，一语不发，埋头苦寻。很快，他捡起一块完整的网纹汉砖，另有几个战汉时期的陶罐残片，对我说："你看，这就是咱们家乡历史悠久的直接证据……"

这次考察，同行的基层文化工作者给我留下了深刻印象。刘瑞明先生是龙潭镇派出所所长，考察李杰墓遗址时他随身携带一只黑色公文包，我满以为里面装着冰冷的手铐，不料竟是范文澜先生的《中国通史》，那是刘先生阅读最勤也是最喜爱的一部著作；陈红先生是夏店镇文化站站长，他多才多艺，在全市农民画比赛中拿过大奖，保护大洪城遗址尽心尽力……这样的例子还有很多，他们既是家乡文化的爱好者，也是其守护者、传播者，他们身上体现出家乡文化的根茂实遂。

夏日的家乡是炽热的，家乡的"同路人"有着一样炽热的心。

收藏家冯克祥先生是我的前辈，他几乎熟悉老城区的每一条街巷、每一座历史建筑、每一口古井，以个人数十年的不懈收藏，撑起霍邱农耕博物馆的大部分展品。为了方便本书配图，他慨然邀我参观他的个人特藏室，将最好的藏品——无论青铜鼎、青铜剑还是大型陶罐、瓷器，毫无保留地任由我观赏、移动、拍照记录，令我深受感动，也倍感使命千钧。

八十一岁的胡继春先生是汪集村居民，自幼喜好当地文史。得知我独自驱车来汪集探访"二龙争斗"的传说后，他不顾近四十度的高温，为我摇橹，泛舟淮河之上，热情地讲解龙池和龙井的传说。临别时，他嘱我要写好家乡故事，让更多的人知道家乡的了不起。

王涛、王峰兄弟是我的发小，也是多年来助我寻访古城遗迹的好帮手、贴心人。田野调查时，王涛兄曾被砖石砸中手指，鲜血喷涌却面不改色；王峰老弟在大雨滂沱的夏夜，助我回收建筑工地中的老城砖，数度跌入泥坑，不避污秽，肩扛车运……

本书写作过程中，新安晚报社思平兄帮助联络安徽省图书馆，为我查询民国十七年的《霍邱县志》提供了便利。当他得知我大海捞针般寻找民国时期的霍邱县长，同时也是下令拆除霍邱古城墙的陈应行先生后代时，连夜为我联系桂林日报社记者，最终顺利找到远在广西柳州的陈先生次女陈婉月女士，获得了重要的文献和口述资料。导师王从仁先生多次就书中细节提出意见，并为本书的出版奔波操心。导师陈飞先生所领衔的上海师范大学中华典籍与国家文明战略创新团队为本书提供了大力资助。付梓之际，又幸得中国历史文化名城保护专家、有"古城卫士""古城保护神"等美誉的同济大学阮仪三先生题词。业师、安徽师范大学施兴国先生慷慨为本书题写书名。此外，华东师范大学图书馆的楼茜女士、上海图书馆的王姝姝女士，以及尚郓先生和嘉烨女士夫妇，学生靳彬等都在写作过程中给予了无私帮助，感恩在心，一并致谢。

　　从最初的怨怼与冲动，到几乎放下一切伏案苦读，再到爬梳剔抉、付之梨枣，即将过去的这一年于我而言非同寻常，充满艰辛。我们的一生短暂且渺小，之所以坚持甚至是偏执地坚持用近一年时光付诸心力，不过是想找回自己的第一枚脚印，那脚印里有祖母的皱纹，有汉唐的尘土，有古城的蜕变，记载着我与故乡难以割舍的"城"缘。

　　今年适逢汉代发端、隋代确立、明代缮完、近代式微的霍邱古城墙拆毁八十周年，也是其最重要历史街区的拆迁之年。旧梦依稀，此城可待，谨以这本并不成熟的小册子，聊表游子对故乡这座千年古城的追忆与期盼。

乙亥孟冬记于沪上湛存斋

图书在版编目(CIP)数据

明清方志中的霍邱古城/穆迪著. —上海:学林
出版社,2020
ISBN 978 - 7 - 5486 - 1650 - 4

Ⅰ.①明… Ⅱ.①穆… Ⅲ.①霍邱县-地方志-明清
时代-文集 Ⅳ.①K295.44 - 53

中国版本图书馆 CIP 数据核字(2020)第 065208 号

责任编辑 张予澍 汤丹磊
封面设计 周剑峰

明清方志中的霍邱古城
穆 迪 著

出 版 学林出版社
     (200001 上海福建中路 193 号)
发 行 上海人民出版社发行中心
     (200001 上海福建中路 193 号)
印 刷 昆山市亭林印刷有限责任公司
开 本 720×1000 1/16
印 张 15
字 数 23 万
版 次 2020 年 6 月第 1 版
印 次 2020 年 6 月第 1 次印刷
ISBN 978 - 7 - 5486 - 1650 - 4/K · 175
定 价 68.00 元